ヤフーの管理職1500人が学んだ極意

一流のリーダーが磨く
伝え上手
聞き上手
のメソッド

寺下 薫

日経BP

ヤフーの管理職1500人が学んだ極意

一流のリーダーが磨く
伝え上手　聞き上手のメソッド

はじめに

私は、人前で堂々と話せる人や自分から積極的に話せる人がずっと羨ましかったし、自分とは別世界の人だと思っていました。

今は、仕事で大きな講演や企業・自治体での研修など人前で話すことが多いですが、それまでは、どちらかというと苦手、できれば人前で話すのも避けたいと思っていました。そんな話をすると、周りの人からよく「嘘だ！」とか「絶対にあり得ない」と言われるのですが、仕事だから、やむなくやっていたというのが正直なところです。特に初対面の人と話をするのが大の苦手でした。今でも、初対面の人との会話は実は苦手で、極力、相手から話しかけられるのを待っています。そのため、話す時は、相手に気づかれないように、かなり勇気を振り絞って話をしています。コミュニケーションについては、そういうレベルだったということです。今では自分の弱点を克服できるようになり、コミュニケーションに関して自信も持てるようになりましたが、伝えるスキルや聴くスキルも特別な才能を持っているわけではなく、ごく普通のサラリーマンレベルでした。

あなたの周りに会話がズバ抜けて上手な人、いわゆる、コミュニケーションモンスターのような人はいないでしょうか？

学校の入学式など初対面でも、すぐ自分から積極的に声をかけられる人って、あなたの周りにもいますよね。相手とすぐ仲良くなれる人、誰とでもすぐ話ができちゃう人です。私は、そばで見ていて、こんな人になれたらいいなって思っていました。自分もそういう人になりたいけど、どうすればなれるんだろう？ と疑問に感じていました。同じ人間なのに、どうしてそこまで違うのかとも思っていました。私は、これまでにたくさんのコミュニケーションの達人を見てきました。そして、その方々には、実は共通してやっていることがあることに気づいたのです。

一方、コミュニケーションが苦手な人もいます。自分から話しかけるなんて、恥ずかしくてできないし、話しかけられても話を続けることができず、気まずい空気が流れてしまう人です。コミュニケーションを取ること自体にストレスを感じてしまう、いわゆるコミュニケーション下手の人もこれまでたくさん見てきました。そして、コミュニケーション下手の人たちにも共通点があることが分かりました。

あなたは、おそらく、コミュニケーションについて、少し苦手意識があったり、今より少しでもコミュニケーションスキルを身に付けたいと思ったりして、この本を手に取られたのではないでしょうか。

人は、生きている限り、コミュニケーションスキルが求められます。もっと言えば、コミュニケーションなくして、生活することや仕事することはできないとも言えます。プライベートでいえば、家庭の中で朝起きてから夜寝るまで、コミュニケーションは必要ですし、病気で病院にかかるとしても、お医者さんに自分の症状を伝えるコミュニケーションは発生します。医師とちゃんとコミュニケーションできなければ、適切な薬を処方してもらえません。

それだけではありません。学校の授業や職場でのミーティング、お客様への営業活動、プロジェクト活動、採用面談、取引先との交渉、人材育成の研修など、ありとあらゆるところで人とのコミュニケーションは求められます。仕事だけではありません。スーパーやコンビニでの買い物時の店員さんとのやりとり、お子さんがいる方は幼稚園や学校の先生とのコミュニケーション、塾の先生とのコミュニケーション、ママ友との会話、夫婦やカップルでの会話、親子間の会話などあらゆる場面でコミュニケーションが求められます。しかも、口頭だけではなく、LINEやメール、企画書、報告書、プレゼン資料といったテキストコミュニケーションも求められます。

ただ、コミュニケーションの難しいところは、相手があることです。しかも、相手は、感情を持った人間ですし、育ってきた環境やこれまで関わってきた人など、人により大きく異なるため、これをやれば必ずコミュニケーションが取れるといった正解にたどり着けるものでもないので、余計に厄介なのです。

私は、コミュニケーションは、生まれつきのスキルだとは思っていません。また、頭の良し悪しも関係ないと思っています。誰でもコツさえ身に付けられれば、できるようになります。コミュニケーションの取り方も口頭だけではなく、現在は、LINEなどテキストコミュニケーションも増えてきていますし、極端なことを言えば、黙ることで伝えたいことを相手に伝える方法だってあります。

そういう意味で、テクノロジーも進化した今は、コミュニケーションの取り方についても大きく変わりつつあります。

今回、コミュニケーションに関して、少しでもあなたの悩みを解消していきたいと思っています。私は、コミュニケーションを習得したいスキル別に4つのパターンに分けて解説するつもりです。私は、若い時、コミュニケーションに関する苦手意識もありましたし、周りの人とのコミュニケーションも上手に取ることのできないダメ社員の一人でしたので、コミュニケーションについては、人一倍苦労しました。そのため、私のようなコミュニケーション下手の人が読んですぐ実践してもらえるよう、本書で使う言葉も、できるだけ分かりやすい言葉を使って説明しようと思っていますし、実例や体験談、ちょっとしたクイズなども取り入れて、飽きずに最後まで読めるようにしたいと思っています。

そろそろ、前置きはこれくらいにして、どうすれば、コミュニケーションの基礎的なスキルを身に付けることができて、スムーズに会話ができるようになるのかについて説明していきたいと思います。同時に本書を機に自分の苦手分野を克服できるようになっていただきたいなと思います。少しでもコミュニケーションに関するストレスがなくなれば幸いです。特にコミュニケーションに関するトラウマがある人は、そこから解放されるといいですよね。そして、最終的には、自分の伝えたいことが伝えられるようになり、自分のやりたいことを実現できるようになれる、そんな未来になるよう、その秘訣をお伝えしたいと思います。

では、早速始めていきましょう。

目次

第1章　コミュニケーションの基礎

第2章 Aタイプ 言葉によるコミュ力を高めたい

第3章 Bタイプ 言葉以外でコミュ力を高めたい

❶ 資料活用編

❷ジェスチャー編　160

第4章　Cタイプ　プレゼン力を高めたい

第5章 Dタイプ 1対1力を高めたい

最終章　コミュ力の継続的な磨き方

おわりに

プロローグ

言っている意味がわからないと言われてしまう問題の正体

イラスト　gugu／Adobe Stock

プロローグ：言ってる意味が分からないと言われてしまう問題の正体

コロナで大きく変化したコミュニケーション

２０２０年の初頭、新型コロナウイルスが日本中にまん延し、マスク着用、三密回避、リモートワークの導入、黙食などこれまでの仕事のやり方や生活の仕方が一変しました。それに伴い、コミュニケーションの方法も大きく変わりました。会議はオンラインになり、マスクを着用したまま会話を行い、大人数での会議は中止、歓送迎会や日頃の飲み会などの、いわゆる飲みニケーションも中止になるなど、対面でのコミュニケーションがそもそも取りにくい環境になりました。実際に私の仕事でも大きな変化がありました。研修や講演は、対面式のリアルでの実施が当たり前であったのに、それが突然、リアルじゃない方法を取らないと仕事もできなくなってしまったからです。三密回避により、集合研修は、実施できなくなりました。当然のことながら、仕事のキャンセルや延期の連絡が相次ぎました。

運よく、騒動から2カ月後には、研修はオンライン研修に変わりました。しかし、コミュニケーションの方法は、これまでのリアルなやり方では通用しなくなってしまいました。打ち合わせもオンラインになりましたし、研修自体もオンラインに変更になりました。パソコンを通してコミュニケーションを取ることになった結果、企業研修講師で、コミュニケーション方法の変化に対応できなかった講師は、残念ながら、仕事が激減していき、廃業した講師も多数発生したほどでした。

コロナ禍が明けた今、また対面型のコミュニケーションに戻りました。やっとマスクも着用せずに済み、ランチや飲み会などが復活するようになったものの、コミュニケーションの仕方に悩む人も出てきました。実際、新卒社員は、大学時代、コロナ禍の影響で、授業はオンライン、サークル活動も自粛、飲み会も自粛とあって、友達もなかなかつくれなかったりしているようでした。就職後、上司や先輩との対面式のコミュニケーションに悩む大学生からコミュニケーションの仕方、特に報告・連絡・相談のやり方やタイミングなどについて、多くの相談が寄せられています。

コミュニケーション力がない人の末路

あなたは、周りの人から一度は「言っている意味が分からない」と言われたことはないでしょうか。コミュニケーション力がないと、どうなるか？　一言で言えば、チャンスを失うことになります。どんなチャンスかと言えば、仕事の場合には、ちゃんと評価してもらえなかったり、昇進の機会を逃したり、仕事で問題が発生しても解決できなかったりなど、大切なチャンスを逃してしまうことになります。プライベートでも同様のことが発生してしまいます。もう少し詳しく見ていきましょう。

1　昇進の機会を逃す

コミュニケーション力が乏しいと、上司や同僚と円滑にコミュニケーションすることが難しくなります。日頃の信頼関係を築くことができないだけではなく、評価もしてもらえず、最終的には昇進の機会を逃しがちです。昔、こんなことがありました。

私の部署に部下として異動してきたある社員Aさん（40代男性）は、とにかくコミュニケーションが苦手で、挨拶すらちゃんとできません。私のチームに異動してきた当初は、部署に慣れていないせいかと思っていましたが、そうではなく、挨拶もろくにできないのです。社会人として、そもそも失格じゃないかと思われるかもしれませんが、そうなんです、失格なんです。でも、挨拶ができないからといって、クビというわけにもいきません。オフィスで、すれ違った際、私から「お疲れさまです」と声をかけますが、返事は返ってきません。私は、本人にも挨拶については何回も、社会人としての最低限のマナーである旨を注意しましたが、本人いわく、心の中では返事をしているということだったので、私は、ある意味、諦めつつも、自分からはこれまで通り挨拶するようにしていました。

1カ月ほどしたある時、私の上司である部長と一緒にオフィス内を歩いていると、Aさんとすれ違いました。私は、いつも通り、「お疲れさまです」と挨拶します。Aさんは頭を少し下げるものの、当然のことながら、Aさんからは返事がありません。すると、部長が「寺下さん、もうAに挨拶するのは、やめようよ。俺も自分から挨拶してたけど、返事がないから。本当に気分が悪い」。

当然のことながら、Aさんの期末の評価は低評価でした。成果もある程度上げていたので、そこまで評価を下げなくてもいいのではと思いましたが、上長は、それを許しませんでした。

基本的なコミュニケーションが取れないと、評価されないことに直結するのです。Aさんは、年齢的には、課長に昇進してもよい年代に差し掛かっていましたが、その後も昇進することはありませんでした。

2 チームメンバーからの評価が低くなる

チームで働く際は、周りのメンバーとのコミュニケーションは必須です。自分から仕事の協力を周りのメンバーに依頼することもありますし、逆にメンバーから協力をお願いされることだってあります。その際、コミュニケーションなしでは成り立ちません。コミュニケーションを取らないままだと、自分勝手に進めてしまって、仕事の手戻りが発生するなど、周りの人もいい気がしません。コミュニケーションがうまくいかないと、チームメンバーとしての貢献度が低く評価されてしまうことになります。こんなことがありました。

企画課にいたBさんは、シングルマザーで3人の子供を育てながら働いていました。地頭もよく、仕事もできるのですが、周りのメンバーとのコミュニケーションが上手ではありません。新しい企画を立てる際も、Bさんは、周りの意見もほとんど聞かず、独断で突っ走ってしまいます。その結果、周りのメンバーの協力を得るどころか、ついには、周りのメンバーから「もうあの人とは、一緒に仕事したくないです」と上席である私にクレームが来る始末です。当然、毎年会社の中で実施される同僚からの360度評価（上司や同僚、他部署から従業員を評価する方法）は、低評価でした。

いくら仕事ができたとしても、コミュニケーション能力に問題があると周りのメンバーから低い評価をされ、一緒に仕事をしたくないと思われてしまうことになるのです。

3　問題解決力が低下してしまう

問題が発生した際に、他のメンバーと効果的にコミュニケーションを取ることができず、解決に時間を要したり、適切な解決策が見つからなかったりして、問題が解決しないことがあります。以前、こんなことがありました。

あるカスタマーサポート部門では、顧客からの商品に関する問い合わせに対して迅速に対応することが求められていました。しかし、ある時、担当者のCさんが顧客の質問を正確に理解せず、また顧客との会話の中で曖昧な内容があるにもかかわらず、確認を怠って誤回答することが頻繁に発生しました。その結果、顧客からのクレームが多発するようになりました。

顧客の問題を解決できないばかりではなく、自分が問題を引き起こす結果となってしまったのです。コミュニケーション不足が問題解決を妨げた事例と言ってよいでしょう。

4　人間関係が悪化する

コミュニケーションがうまくいかないと、友人や家族との関係がぎくしゃくし、孤立しやすくなります。小学校や中学校の時のことを思い起こしてみてください。友達もできず、いつも一人ぼっちでいた人がクラスにもいたと思います。

また、自分の意図や感情を相手にうまく伝えられず、相手との間に誤解が生じることが多くなり、人間関係が悪化したりします。言ったつもりでも、相手に伝わっていなければ、関係が悪化することもあるのです。

例えば、大学生のDさんがプライベートで、彼女とけんかしてしまい、そのことが気になって大学でも普段よりも無口で、素っ気ない態度を取っていました。何も知らないDさんの友人のEさんはそれを自分に対する不満や冷たい態度と受け取り、距離を置くようになりました。

Dさんの個人的な事情を知らなかったEさんは、Dさんとの関係がぎくしゃくし始め、仲が良かったDさんとEさんの間の雰囲気が悪化するといったことまで起きてしまったのです。

5 精神的ストレスが増大する

コミュニケーションの問題が原因で、人間関係や仕事のパフォーマンスにストレスや不安を感じることが増えます。また、自分の考えや感情をうまく伝えられないことが続くと、自信がなくなり、自己評価が下がる可能性があります。事例として、こんなことが発生します。

Fさんは、仕事に関して、上司が多忙なことから、上司からのフィードバックをほとんど受けていませんでした。Fさんは自分の業務が評価されているのか、どこを改善すべきかが分からず、自分の能力に対して自信を失い始めました。この不安感は、次第にFさんのストレスとなり、仕事のパフォーマンスも徐々に低下していきました。

フィードバック不足が自己評価の低下とストレスの原因になることもあるのです。

このように、コミュニケーション力の欠如は、職場や家庭、社会生活全般において多岐にわたって問題を引き起こす可能性があります。何より色々な場面でチャンスを失うことが多くなるため、コミュニケーション力を向上させる努力が必要となるのです。

コミュニケーションに必要なのは、4つの力

では、相手とスムーズにコミュニケーションを取れるようになるには、どんな力が必要でしょうか。コミュニケーションに必要なのは、次の4つの力です。

1、自分の言いたいことを「言葉で伝える力」
2、自分の言いたいことを「言葉以外で伝える力」
3、相手の気持ちや本当の思いを「洞察する力」
4、相手の言葉を「聴く力」

一つ目は、自分の言いたいことを言葉で伝える力です。相手に伝えたい情報を簡潔かつ効果的に伝えるために重要な力です。簡潔に伝えることで、相手の時間

を無駄に奪わずに済みますし、要点を確実に伝えることで、誤解を避けることができます。また、言霊《ことだま》という言葉の通り、言葉には説得力がありますし、記憶に残りやすくなるため、日常生活や仕事でも多くの人が一番使っている力です。しかし、意外と自分の言いたいことを伝えることは難しかったりします。

二つ目は、自分の言いたいことを言葉以外で伝える力です。「言葉以外で伝える力」とは、言語を使わずに自分の考えや感情を他者に伝える能力です。この力は、非言語コミュニケーションといわれ、身ぶり手ぶりなどのジェスチャー（身体言語）や文章化、資料作成、図解化、表情、視線などこれらをうまく活用することで、言葉を使わずに強力かつ効果的にメッセージを伝えることができます。この力は、特に言語が通じない状況や、言葉だけでは伝えきれない微妙なニュアンスを表現したいときに非常に有効な力です。言葉で伝えるのが苦手な人には有効なスキルです。

三つ目が相手の気持ちや本当の思いを洞察する力です。「洞察する力」とは、相手が発する言葉や行動の背後や裏側にある、本当の気持ちや意図を理解しようとする能力です。この力は、相手を観察したり、関心を持ったりすることで、相手の気持ちをくみ取ることができたり、真の思いを見抜くこともできたりするものです。洞察する力を持つことで、相手とのコミュニケーションがより深く、効果的なものになります。これにより、誤解や摩擦を減らし、よりよい信頼関係を築くことができるようになります。

最後の四つ目が相手の言葉を聴く力です。自己主張は苦手だけど、人の話を聴くのは得意という方もいますよね。自分の言いたいことを伝えるだけではなく、コミュニケーションは、相手の話を聞けないと成り立ちません。自分が一方的に喋（しゃべ）っているだけでは、コミュニケーションは成り立たず、この人は、「コミュニケーションが取れない人だね」と周りの人から言われてしまいます。「相手の言葉を聴く力」を身に付けることで、コミュニケーションがスムーズとなり、信頼関係や人間関係が深まります。また、この力は問題解決や協力関係が必要な場面においても重要な役割を果たします。

コミュニケーションにおいて、この4つの力を全て身に付けられれば、最強モンスターになれますが、別に最強モンスターになる必要はないので、4つの力全てを身に付ける必要はありません。人それぞれ、コミュニケーションに関する強

図A　タイプ別コミュ力アップ（出所：筆者）

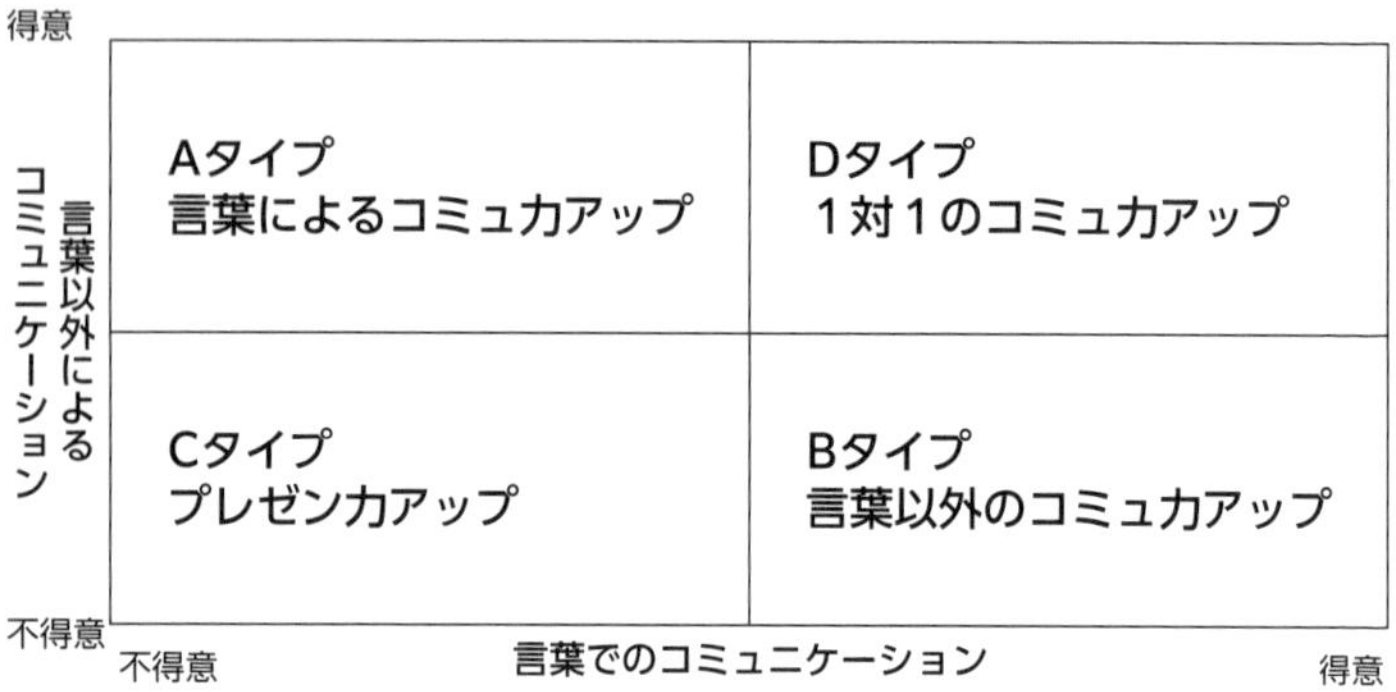

みと弱みがあります。強みはどんどん生かせばよいですし、弱みは少しでも克服できたらよいですよね。そのため、今回は4つのタイプ別に説明したいと思います（**図A**参照）。これで、自分の弱点が少しでも克服できたらいいですよね。

Aタイプ：自分が言いたいことを言葉で伝えることが苦手なタイプ

Bタイプ：言葉以外で伝えることが苦手なタイプ

Cタイプ：人前で話したり、説明したりするようなプレゼンテーションが苦手なタイプ

Dタイプ：相手の話を聞いたり、1対1

で話すことが苦手なタイプ

コミュニケーションが苦手な方は、この４つのどれかのタイプに当てはまるのではないでしょうか。自分の当てはまるタイプのところだけを読んでいただくのもＯＫですし、他のタイプも含めて読んでいただいても、もちろんＯＫです。が、ちょっとその前にコミュニケーションの基本的なところを説明したいと思いますので、少しだけお時間をいただければと思います。

3分で伝える力の重要性

なぜ3分なのか？

私は、コミュニケーションスキルを習得するには、3分で伝えることができる力を身に付ける必要があると考えています。人に話を伝える際の長さは、別に3分でなくても、1分でよいのでは？　という疑問もあると思います。確かに1分でも十分話せることはありますし、1分という時間は、端的かつ核心を突いた話ができる時間でもあります。しかし、1分では、話ができることがかなり限られてしまいます。詳細については話ができないので、話の聞き手側からしても、「もうちょっと聞きたかった」ということになってしまうからです。逆に3分という時間があれば、相手に理解させるには十分な時間です。ですので、私は、話は3分でまとめるようにしています。3分で話せれば、話を簡略化したり、カットしたりして、1分で話すことは容易だからです。また、少し話を膨らませれば、5分で話すことも可能になります。

ただ、3分といっても、最初の1分間が勝負の時間だと思っています。最初の1分間で、いかに相手の心をつかめるかが決まるからです。最初に相手の関心をぐっとつかめないと、聞き続けてもらえないのです。そして、3分間で伝えようと思ってはいけません。「えっ、だって、今、3分間で話せって言ったばかりじゃん」と思われるかもしれませんね。

実は、この3分間という時間は、あくまでもこちら側、すなわち自分の勝手な都合な訳です。相手が3分間、じっと聞き続けてくれるとは限りません。例えば、会議の冒頭で、話がつまらないと感じた瞬間、今日のランチは何にするかなとか、今取り組んでる企画書はどうやって進めていこうかなどと別のことを考え始めます。パソコンを開いている場合は、メールやチャットを見ていたり、いかにも聞いている話をメモするような感じで、別の仕事、つまり内職をしていたりします。ひどい人だと、話は左から右に聞き流し、ネットニュースを見ていたりするのです。だからこそ、相手の関心をつかむことのできる最初の1分間が勝負なのです。人は皆、つまらないなと感じた瞬間から、すぐ別のことを考えたりするので、注意が必要です。

速さとクオリティーの絶妙なバランス

話すスピードが速すぎると、どんなに話の内容がよくても、相手が情報を十分に理解することができず、誤解を招いてしまうことがあります。逆に話すスピードが遅すぎると、話の重要なポイントが曖昧になったり、相手の注意を引き付けることが難しくなったりします。つまり、適度な速さで話すことにより、正確な情報を相手に伝え、相手が内容をしっかりと理解できるようにすることが重要です。

しかし、話すスピードが適切でも、コミュニケーションの質、例えば、話が論理的でなかったり、理屈が通っていなかったり、話の展開がおかしかったりするなど、話のクオリティーが悪ければ、どんなに伝える思いが強くても、相手に伝わることはありません。仮に伝えたとしても、十分に伝わっていないことが多いのです。結局、速さとクオリティーはバランスが要求されるということです。速すぎてもダメ、遅すぎてもダメ、そして、話す内容も理屈が通っていないとダメだし、話の順序も変だとダメなんです。

だから、話すスピードと話のクオリティーの両方をバランスよく保てるようにすることが大事なんです。料理で例えると、速く作ることができても、まずかったら意味がないですよね。逆に、時間をかけすぎると食べる人が待ちくたびれてしまったり、料理が冷たりしてしまいます。コミュニケーションにおいても、スピードとクオリティーは、両立させる必要があるのです。

分かりやすさのレベルは、小学1年生に説明してみると一発で分かる

話は分かりやすい方がよいに決まっています。誰もがそう思いますし、そうしたいと思っている訳です。しかし、自分は分かりやすく話しているつもりでも、相手に理解してもらえないことってたくさんありますよね。それは、実は、分かりやすさのレベルが相手と合っていないのです。では、ここで一つクイズです。

クイズ お客様第一の大切さについて、小学1年生にも分かるように説明してみてください。

自分だったら、どう表現するかなと思いながら読み進めていただければと思います。この問題を出すと、いくつかのタイプに分かれます。

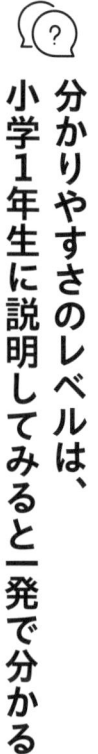

図B　小学1年生が学ぶ漢字（出所：学習指導要領）

一	右	雨	円	王	音	下	火	花	貝
学	気	九	休	玉	金	空	月	犬	見
五	口	校	左	三	山	子	四	糸	字
耳	七	車	手	十	出	女	小	上	森
人	水	正	生	青	夕	石	赤	千	川
先	早	草	足	村	大	男	竹	中	虫
町	天	田	土	二	日	入	年	白	八
百	文	木	本	名	目	立	力	林	六

1、文章だけで表現する人
2、文章だけではなく図解も入れて表現する人
3、漫画で表現する人

など、表現方法も色々です。正解がある訳ではないので、どれで表現してもよいのですが、ポイントが3つあります。

一つ目は、小学1年生が読める文章であること。相手が小学生であることを忘れてはいけません。小学1年生が学ぶ漢字は実は80文字しかありません（図B参照）。つまり、80文字以外の漢字を使って表現しても読まれることはないのです。7割くらいの方は、そのことに気づ

かず、小学1年生である相手の目線に立てないまま、読めない漢字ばっかかりの文章で、自分本位の説明をしてしまいます。どんなに素晴らしいことを表現していたとしても、読んでもらえなければ意味がないのです。

二つ目は、小学1年生が分かる具体例を用いて説明ができることです。例えば、アンパンマンやドラえもん、花屋さんなど、話題が身近で小学1年生でもすぐ分かる例を使って説明した方が理解できるからです。分かりにくい人はいきなり、「マーケティング」や「顧客満足度」といったキーワードを使って、小難しい話をしてしまうのですが、小学1年生はそれを理解できるでしょうか。ちなみに最強モンスターは、どうやって説明するかというと、「あのねー」からスタートします。

最後三つ目です。それは、図解することです。別に絵やイラストは下手でもいいんです。文章ばかりで説明しようとすれば、小学1年生は途中で飽きてきてしまいますよね。絵やイラストで言いたいことを端的に表現することで、短時間で理解してもらうことができます。4コマ漫画のようなもので表現してもOKです。

さて、あなたは、小学1年生の目線に立って、説明することはできるでしょうか？

分かっていてもできないのは、意識し続けることの難しさにある

先ほどの小学1年生への説明も、頭では分かっていても、なかなか実践できなかったりします。小学1年生だから、難しい言葉を使っても理解できないし、分かりやすい例を使っての説明が必要だと、まず考えると思うのですが、いざ表現しようとすると忘れてしまうのです。人間は、分かっていることでも意識し続けるのがとても難しいということです。

具体例を挙げて説明したいと思います。まず、風船を用意し空気を入れて膨らませて、空中に放り投げ、地面に落ちないように、それを常に空中で維持し続けるよう、手でポンポン突くことにします。ずっと意識し続けていれば、風船を地面に落とすことはないですが、少しでも集中力が切れてしまえば、風船は、すぐ地面に落ちてしまいます。

腕組みでも同じことが言えます。自然な腕組みをやってみてください。では、次に今の腕組みの上下を入れ替えてやってみてください。なんだか、違和感がありますね。その上下を逆にした腕組みは、私が今やってみてと言ったので、あなたは今、やっているわけですが、これは意識をしなくなった途端、元の自然な腕組みをやってしまうのです。

いかに常に注意を払って何かを意識し続けることが、難しいかが分かるかと思います。でも、逆に言えば、意識し続けられれば、少しずつでも改善できるという証拠です。でも、ラッキーなことにコミュニケーションは、ほぼ毎日のようにトレーニングする機会があります。日々の意識次第で変えていくことができるのです。

分かりやすさで自分の伝えたいことややりたいことを実現する

伝えたいことを分かりやすく伝えることは、とても大切です。いくら伝えるスキルやテクニックがあり、伝えたい情熱があったとしても、伝えたいことが明確でなければ、相手に伝わることはないからです。

自分の考えや計画を明確かつシンプルに伝えることで、他者がその意図を理解しやすくなり、協力や支持を得られるようになります。自分の伝えたいことが相手に正確に伝わり、理解や共感を得やすくなります。その結果、目標も達成しやすくなります。以前こんなことがありました。

私がお客様対応部門の責任者を務めていた部署は、200人が働く比較的大きな部署で、3月が繁忙期です。サービスの開始や停止を受け付ける部署だったのですが、3月は、お客様側で卒業や入学、就職、異動などがあるため、問い合わせが多くかかってきます。ざっと、平常時の2~3倍くらいです。

その部署には、お客様からの電話をどれくらい取れるかという目標値が設定されてました。当時は85%という目標値が設定されていました。この数字は、100人のお客様が電話をしてきたら、85人以上のお客様の電話を取れるようにしないといけないということです。しかし、3月は繁忙期でもあるため、毎日、かかってくる電話も非常に多く、その部署の開設以来、一度も目標値の85%を達成したことはありませんでした。繁忙期の短期スタッフさん100人の増員は、もちろんのこと、既存のオペレーターさんにも頑張ってもらわないと、月間の目標応答率を達成することはできません。

私がいたセンターでは、通常期は、ランチタイムの1時間の他に午前・午後と1日2回各10分の小休憩をスタッフさんに与えていました。

しかし、繁忙期に200人近くいるオペレーターさんにこれまで通り小休憩を与えると、1日当たり200人×10分×2回＝4000分（約66・7時間）のロスになる訳です。1件当たりのお客様の対応時間が15分程度でしたので、小休憩を中止すれば、計算上は267件の電話を取れることになります。人数が人数なので、小休憩といえど、見逃すことができない実に大きな数字になっていました。

とはいえ、小休憩を中止すれば、繁忙期で疲弊しているオペレーターさんから確実に反発が出ます。私は、考え悩んだ挙げ句、3月の1カ月間限定での小休憩の中止を決めました。

小休憩中止をオペレーターさんに朝礼で告げた途端、どよめきが起こります。

「えー！！！」

「ないわ！」

「あり得ないー!!」

その後の周知が聞こえないくらいザワついていました。

10分休憩は、お給料も発生している任意の休憩なので、法律上は与える必要のないものです。しかし、人間は、本来あったものが突然奪われてしまうと、激しく抵抗し始めます。不平、不満が広がり始めました。

「ずっと、朝から混雑しているし、管理者からも、電話を取るためにパソコンへの入力作業をもっと速くしてとか言われて、ストレスもたまっているのに……。それでも、休憩を私たちから取り上げるんですか？」と私に言ってきます。

あなたもお分かりの通り、現時点でのセンターの構図は、「寺下（筆者）VSスタッフさん全員」という悲しき図式です。

でも、ここでひるむわけにはいきません。目標を達成するには、小休憩の中止は必要不可欠です。なので、私は、再度、全員に対して、なぜ小休憩を中止するのか、そして、協力をしてほしい旨を新人スタッフでも理解できるよう、口頭のみならず資料を作って、分かりやすく伝えました。そして、小休憩が出せない代わりにドリンクを毎日一人1本付与するなど、代替策も実行しました。その結果、最初は不満を言っていたスタッフばかりでしたが、最終的には、部署の全員が協力してくれました。

4月1日の朝、繁忙期だった3月の1カ月間の結果を朝礼で発表しました。結果は、目標の85％を上回る87％で、目標達成です。スタッフ全員から自然と大きな歓声と拍手が起こりました。いつもは静かな朝礼ですが、「おー」というどよめきが起きました。

このように人に分かりやすく伝えることで、自分のやりたいことが実現できたり、目標を達成したりすることができるのです。

第1章
コミュニケーションの基礎

イラスト　gugu／Adobe Stock

第1章では、コミュニケーションに関する基礎部分について、お話ししていきます。相手とコミュニケーションを取るにも準備すべきことなどがあります。まず、コミュニケーションは、どんな特徴をもっているのか、ひも解いていきます。一見、理解するのが難しそうなロジカルシンキングやクリティカルシンキングについても詳しくお話ししていく予定です。では、早速見ていきましょう。

会話はキャッチボールと同じ

会話は、よくキャッチボールと同じと例えられます。「会話のキャッチボール」と言ったりもしますね。

ボールを相手がこれくらいのスピードで来るなと予想しながら、予想通りのスピードで来れば取ることができますが、ボールを相手が想像する以上に速く投げれば、相手は取り損ねてしまう可能性があります。コミュニケーションで言えば、早口で伝えれば、相手に伝わらない可能性があります。もちろん早口でも理解できる人もいます。でも、多くの人は早口で言われると、言われたことの全てを理解しているかと問われれば、理解できていない人がほとんどです。逆にボールをゆっくり投げてあげれば、相手はボールをちゃんとキャッチすることができます。コミュニケーションで言えば、ゆっくり話せば、相手に伝えたいことを伝えられ、相手も理解することができます。

つまり、会話をキャッチボールに例えると、次のように説明できます。

1　準備

まず、2人でキャッチボールを始める前に、1人がボールを持ちます。コミュニケーションで言えば、ボールは会話の内容です。会話でも、何を話すかを考え、相手に伝えたい内容を準備しますよね。

2　投げる

キャッチボールではボールを投げる側がいて、相手に向けて投げます。会話でも、話し手が相手に向けて言葉を投げかけます。このとき、相手が受け取りやすいようにゆっくり、分かりやすく話すことが大切です。剛速球を投げたら、相手が受け取れないように、早口だと相手が受け取れないからです。

3　受け取る

相手がボールを受け取ります。会話でも、相手が話を聞き、理解しようとします。相手が話した内容をしっかりと受け取り、理解に努める姿勢が重要です。

4　返す

ボールを受け取った後、相手に返します。会話でも、単に聞いているだけではなく、相手の話に対して自分の考えや感想を返します。この時、相手の話をちゃんと理解して返すことで、会話がスムーズに続きます。時には、話し手に質問したりして、ボールを返します。

キャッチボールのポイント

このようにキャッチボールから会話をするときのポイントが見えてきます。どんなポイントが見えてくるかというと……。

互いのタイミングを合わせる

キャッチボールは互いのタイミングを合わせることが大切です。互いのタイミングが合わないと、ボールを落としてしまって、キャッチボールにならないからです。会話も同じように、相手が話している間はしっかりと聞き、話し終わったら自分の意見を言うようにします。同時に2人が話し始めたり、2人とも逆に黙ってしまったりすると、会話として成立しなくなってしまいます。

思いやりを持つ

キャッチボールでは、相手が受け取りやすいようにボールを投げることが重要です。会話でも、相手の立場や気持ちを考えながら話すことが大切です。ふんわりした球を受けると想定していたのに、剛速球を投げられたら、何この人？って思いますよね。会話でも同じです。思いやりを持って話をする必要があります。相手が悲しい表情や気持ちなら、共感しながら話を聞いたりしてあげる必要があ

ります し、楽しそうにしていれば、楽しく聞いてあげたり、楽しそうに話してあげたりする必要があるのです。

楽しむこと

キャッチボールをやっている時って、楽しいですよね。今は、おじさんになってしまったので、キャッチボールは滅多にしなくなりましたが、小学生の時は、学校から帰ってきたら、よく弟とすぐ自宅前でキャッチボールをしたものです。それって、楽しいからやるんですよね。会話も同じで、楽しむことで、コミュニケーションが円滑になり、リラックスして楽しむことで、お互いの関係が深まっていくのです。

伝えることより伝わることの大切さ

コミュニケーションは自分の言いたいことを伝えることができたらいいんで

しょ？　と多くの人は誤解しています。とかく伝える方に重点が置かれがちになります。自分の思いや伝えたいことを伝えるのが苦手な人にとっては、伝えること自体が大きな心理的負担になっているためです。そのため、無理をして何とかして、伝えようとします。しかし、実は、伝えることより、伝わることの方が大事なのです。伝えることができても、一方通行だと、自分の伝えたいことを相手が理解してくれなかったり、受け取ることができなかったりすれば、せっかく伝えたとしても、無意味なものになってしまいます。一方、伝わるという状況は、伝えたことを相手が理解し、共感、納得できる状態といえます。ちゃんと伝えたいことが伝われば、相手の行動が促進されることだってあるのです。

よく職場で発生する事例として、上司が部下に新しいプロジェクトの進め方について指示を出す場面があります。上司は口頭で詳しく説明しましたが、部下はその説明の一部しか理解しておらず、間違ったやり方で作業を進めてしまいます。その結果、プロジェクトの進行が遅れてしまい、手戻りも発生。結果的に納期に間に合わなくなるということは、現場でよく起こることです。

上司は、部下に「伝えた」つもりでしたが、部下に正しく「伝わって」いなかったからです。上司が部下に説明する際、適切に「伝わった」かどうかを確認するプロセスが必要だったにもかかわらず、それを怠ると、問題が発生することになります。

仕事だけではありません。プライベートでもこんな事態はよく発生します。夕食の準備をしている時に、パートナーに「手伝って」とお願いしましたが、具体的に何を手伝ってほしいかを伝えなかった結果、パートナーが自分の希望する作業ではない作業をしてしまったり、やり方が気にいらなかったりすると、少しイライラして、最終的には、けんかになってしまうといった例です。あなたも心当たりがあるのではないでしょうか。確かに「手伝って」という依頼は「伝えた」ものの、具体的な内容が「伝わって」いなかったため、期待に沿う行動をしてもらうことができなかったのです。伝わらないと、こういった事態に陥ってしまいます。

クリアで伝わるメッセージの作り方

相手にメッセージを伝える時、伝わるようにするには、よりクリアにメッセージを伝えられるとよいわけですが、では、どうすれば、相手にクリアに伝えることができるでしょうか？　ポイントは次の5つです。

1　難しい言葉を使わない

話をしている時、難しい言葉が突然出てくると、「それは何？」となってしまい、その後の話が頭の中に入ってきません。難解な言葉や専門用語、略語を避け、誰が聞いても一発で理解できる言葉を使います。もう引退してしまいましたが、ジャパネットたかたの社長だった髙田明さんは、難しい言葉を使わない人で有名でした。テレビの通販番組で、髙田さんがカメラを紹介する時のことです。カメラには、ピントを合わせる機能やズームという機能がありますよね。カメラのピントを合わせる機能について説明する場合、例えば「このボタンを押すとカメラのピントを合わせることができます」と通常だと言ってしまいます。でも、髙田さんは言わないんです。代わりに「距離を合わせる」と言います。ズームという単語も使いません。「近づかなくても遠くのものを大きく撮影できます」と説明していました。このように難しい言葉を使うことなく、分かりやすい言葉で説明すると、相手にメッセージがクリアに伝わります。

ちなみに、私は、コミュニケーションの研修で、話の分かりやすい有名人を挙げてくださいというワークをやるのですが、そこで受講生から挙がってくるのが、池上彰さん、マツコ・デラックスさん、カズレーザーさん、林修さんです。どなたも分かりやすい言葉を使ってテレビで話すから、視聴者にも受けているのです。

2　長い文章にしない

一文を長くしないことです。短いほど伝わりやすくなります。長い文章になると、なぜダメかというと、主語と述語が離れてしまい、分かりにくくなってしまうからです。じゃあ、長くしないって言うけど、目安はどれくらいなの？　と思われるかもしれませんが、書く文章であれば一文を80文字以内、話す文章であれば、一文を40文字以内にするとよいでしょう。書く時は、文字数を数えることができるので、どれくらいのボリュームになるのかを知るためにも、何度か一文の文字数を数えてみてください。

一方、しゃべる時は、毎回数えることができません。なので、間を2回空ける感じ（句読点が2回）を目安にすると分かりやすいです。また、情報が多すぎると受け手が混乱しやすくなります。シンプルなメッセージは理解しやすく、相手の記憶に残りやすくなります。例えば、「できるだけ迅速な対応をするよう心掛けています」と言うよりも、「30分以内に対応します」と伝える方が分かりやすいです。

短い文については、参考になる動画があります。それは、小泉純一郎元首相が2014年の2月の選挙で、細川護熙元首相の応援をするために新宿アルタ前で行った最終応援演説です。インターネットで「東京都知事選挙2014　最終演説　小泉」で検索してもらうと、動画が見られると思います。

せっかくなので、当時のスピーチを再現してみましょう。

小泉元首相：「小泉純一郎です。大雪の中、こんなに大勢、本当にありがとうございます。みんな真っ白い傘。色々の色付きの傘も雪で真っ白になっちゃった。こんな雪の中で街頭演説するのは、初めてです。最初の23日。先月。告示の日。細川さんと一緒に皆さんにお願いにやってまいりました。その時は、細川さんより、私の方が元気があるかなと思ったんですけど。今、毎日毎日、連日、細川さん、元気が出てきてますよ。いや、ホントにタフだなと思う。私よりね、元気でタフですよ。私はね、午後からやってる。細川さんは、朝からやってるんですから。今日は、決して忘れられない日になるね。……」

この演説のすごいところ、それは一文がとても短いのです。短い文章にすることで、相手に伝わりやすくなります。

3　できるだけ数値化して話す

会話の中でよく出てくるにもかかわらず、実態が分からない言葉があります。それは、「多い」「少ない」「たくさん」「ちょっと」など、こういった言葉です。日常や仕事でも結構使ってしまいがちな言葉といえるでしょう。しかし、話の受け手からすると、結局、どれくらいのことを言っているのかが分からないのです。みかんが多いって何個ですか？　と聞くと、人によっては、10個と言ってみたり、１００個と言ってみたりします。つまり、人によって「多い」の基準、つまり、物差しの目盛りが異なるわけです。そのため、曖昧な言葉は使わず、できるだけ数値に置き換えていきます。

他にもあります。「業務の効率向上を図ることができます」とか「顧客満足度を向上させます」という言葉も一緒です。耳当たりはいい言葉ですし、言っていることは正しいのですが、どうなったら、業務の効率向上が図れているのかが分からないですし、どういう状態になれば顧客満足度が向上しているかが、実はさっぱり分からないのです。顧客満足度向上ではなく、顧客満足度アンケート結果80点以上といった形で、数値に置き換えるとメッセージがクリアになります。

表C　曖昧な表現を数値に置き換える（出所：筆者）

曖昧な表現	数値に置き換えた表現例
前回やった研修の満足度が高かった	
今週は先週に比べ課題が多かった	
今回のコストは安く抑えられた	
業務量に少し変化が見られた	
ミーティングでたくさんの意見が出た	

曖昧な言葉は避け、件数や%、個数、円など全て数値に置き換えていくようにしましょう。

せっかくなので、練習してみましょう。**表C**の左側の文章を数値に置き換えてみてください。

いかがでしたか？　意外と生活の中や仕事場で曖昧な言葉を使っていることに気づくはずです。会話をする時、メールで文章を書く時、報告書を作成する時、お客様と商談する時など、口頭またはテキストでコミュニケーションを取る場合、曖昧な言葉が出てきたら、回答例のようにできるだけ数値に置き換えるように意識してみてください。そうすること

表C　曖昧な表現を数値に置き換える回答例（出所：筆者）

曖昧な表現	数値に置き換えた表現例
前回やった研修の満足度が高かった	前回やった研修の満足度は80％だった
今週は先週に比べ課題が多かった	今週の課題は、先週比+7件だった
今回のコストは安く抑えられた	今回のコストは100万円削減できた
業務量に少し変化が見られた	業務量が12％アップしていた
ミーティングでたくさんの意見が出た	ミーティングで32件もの意見が出た

で、クリアで相手に伝わるメッセージにすることができます。

4　具体的な例やデータを使う

抽象的な表現は避け、具体的な例やデータを用いることでメッセージの信頼性が高くなります。数字や具体的なエピソードを使うことで、受け手がイメージしやすくなり、理解が深まるのです。説得力も付与することができます。例えば、「多くの人が満足しています」と言うよりも、「97％のお客様が満足しています」と伝える方が具体的で信頼性が高くなりますし、聞いている相手の記憶にも残りやすくなります。

以前、筆者がヤフーで働いていた時、社長をセミナールームにお連れする係になった際、セミナー参加者に関する報告を求められたことがあります。

寺下：「社長、今日のセミナーですが、エンジニアが多く申し込みされてました」
社長：「なるほど。じゃあ、今日のセミナー参加者のうち、エンジニアは何人で、それは全体の何％なの？」
寺下：「！！！（無言）」

急に変な汗が全身の毛穴から噴き出しました。このように社長から数値を聞かれ、全く答えられず、恥ずかしい思いをしたことがあります。多い少ないではなく、数値でしっかり説明できると、クリアで説得力ある伝え方になります。

5　受け手の視点に立つ

受け手が知りたい情報や関心を持つポイントを考え、その視点に立ってメッセージを作るとよいです。受け手がどのような情報を求めているのかを理解し、

表D　相手を知る（出所：筆者）

相手のことを知る項目	結果
相手の興味や関心はどこにあるか？	
相手は何を大切にしているか？	
どんな仕事をしていて、仕事に対する思いは？	
好きな食べ物や飲み物は？	
過去にどんな経験をしてきているか？	
相手は、どんな目標や夢を持っているか？	
相手は、どんな性格か？（内向的or外交的など）	
どんなことが得意で、どんなことが苦手？	
相手の好むコミュニケーションスタイルは？	
相手は、どんな本が好きか？	

それに応じたメッセージを提供することが重要です。例えば、「新機能が追加されました」と言うよりも、「あなたの業務を効率化する新機能が追加されました」と伝えることで、受け手の関心を引くことができます。

表Dは、受け手のことを知るための10個の項目です。埋めてみると相手のことをいかに知らないかが分かってきます。逆に、相手の興味関心や価値観など、この表を埋めることで、相手を理解することができるようになります。

話す前にやるべき準備

話す前にやるべきことがあります。それは、話す目的を明確にすることです。話すには必ず話す目的があるはずです。何のために話すのか、話そうとしているのかを明確にイメージすることです。

そして、次にやるべきことは、「これだけは絶対に伝えるぞ」というメインメッセージを準備することです。例えば、会議であれば、予算が欲しいとか、企画案を承認してほしいとか、メインで伝えたいメッセージが必ずあると思います。日本人は、そういうメインメッセージで特に相手に行動を要請するものについて、それをダイレクトに伝えるのをよしとしない傾向があります。相手に対して、察してほしいと思っているのです。しかし、情報を受け取る相手が何をしてほしいのか明確に分からなければ、その伝達は意味のないものになってしまいます。

実際、経営層の会議で、ある部門の企画書が検討されることになった際、経営者から「この企画は、結局、我々経営層に何をやってほしいのかが明確ではないよね」という発言が出ていました。そうなんです。何をやってほしいかを明確にメッセージにしないと、相手は、どうすればよいのか判断に困る結果となるのです。

そのため、メインメッセージを明確にし、もし、相手への行動要請があるのなら、何をしてほしいのかを明確に伝えることです。（相手に）○○をやってほしいんだけど……と心の中で強く思っているだけでは、決して相手に伝わることはないのです。

ちなみにメインメッセージは、どういうふうに作るかという点で、相手に刺さるメッセージを考えないといけないとか、何か格言みたいなことを言わなければならないとか思う必要はありません。パワーポイントでスライドを作成したら、その色々と書かれている1ページのスライドから、自分が伝えたいことを一言で言うと何なのかを考えればよいのです。ダラダラと長い文章ではなく、13文字以内の短い文章で伝えるようにするのです。

相手のニーズを理解する

話す時、相手を攻略することが大切です。なぜなら、話を聞く相手が聞きたいと思わなければ、いくら伝えたい気持ちが大きくても失敗するからです。相手のニーズを把握できるかどうか、早速、1つクイズをやってみましょう。

クイズ 米国の超高級車であり、大統領専用車にも使われる車、ゼネラルモーターズ（GM）の「キャデラック」。あなたは、キャデラックの競争相手は何だと思いますか？

「ベンツ」や「ジャガー」、「ポルシェ」など高級車をイメージしたのではないでしょうか。かつて、GMのキャデラック事業部を率いていたニコラス・ドレイシュタットは「我々の競争相手はダイヤモンドやミンクのコートである。顧客が購入しているのは、輸送手段ではなく、(金持ちという) ステータスである」と考えたのです。

相手のニーズを理解するということはとても大切で、例えば、営業マンがお客様との交渉の際、相手のニーズが引き出せなければ、お客様に商品やサービスを購入してもらえないことになるからです。

では、どういうふうに相手を分析すればよいかといえば、次の6つのポイントを押さえればよいのです。

1、キーマンは誰で、決裁権を持っているか?
2、キーマンの業務知識量は豊富か
3、キーマンが求めているものは何か?
4、キーマンが感じている課題感は何か?
5、キーマンはどれくらいリスクを許容するか?
6、キーマンと共通の言語で会話ができるか?

昔、こんなことがありました。ある不動産会社が事務作業の一部を外部の企業に委託することになりました。自社の社員でやるとコストが高くなってしまうためです。当然のことながら、付き合いのある外部委託会社3社に提案書を出すように依頼しました。いわゆる相見積もりです。私がいた会社は、その3社のうちの1社で、私が提案書を作成して出すことになりました。そして、提案書について、プレゼンテーションする機会ももらいました。結果は、私の作成した提案書が採用され、受注することができました。受注後、クライアントである担当者になぜ、私の提案書が採用されたのかを聞いてみたのです。

寺下：「どこが採用されたポイントだったんですかね？」
担当者：「3社とも素晴らしい内容だったんですが、寺下さんの提案書には、弊社の一番気にしているところを重点的に書いてあったからですね」

担当者に他社の提案書も参考にということで見せてもらいました。他の2社は、結構分厚い提案書で、私の提案書は10枚程度の比較的シンプルな提案書でした。私は、もし私が先方の担当者だったら、外部委託で一番気になるのは、セキュリティー、つまり情報漏洩のことだろうなと思って、そのことを1枚のスライドに「弊社は他社と違い正社員で対応します。正社員にはセキュリティに関する研修も受講させていますので、安全です」といったことを書いて出したのです。最終的には、その1枚のスライドが受注の決め手となりました。相手の立場に立ち、相手のニーズに立つと見えてくるものがあります。そのニーズに応えてコミュニケーションを取ることができるかどうか、そこが試されているのです。

相手に関心を持つ

相手に関心を持つことは大切です。なぜなら、関心を持たないと、相手のことは見えてこないからです。それって本当？　と思われるかもしれませんので、簡単なクイズをやってみたいと思います。

クイズ 次の問題をスマートフォンやパソコンで検索しないで、答えてみてください。

（1）交通信号機の赤の位置は？
（2）50円玉の表に書かれている絵は？
（3）新札の1万円札の裏に書かれている絵は？
（4）コンビニのローソンの看板の下部に書かれている文字は？

1問目の答えですが、赤信号の位置は右側です。私の研修で同じ問題を出すと、3分の1から半分くらいの方が左と答えます。真ん中とひねくれた答えをする人は、ほとんどいませんけどね。日本では車は左側通行です。側道には街路樹が植えられていることが多く、赤信号は絶対に見えないといけない信号なので、葉っぱや枝で隠れないよう道路の中央寄り、つまり、一番見えやすい右側に配置されているのです。日本車は、右ハンドルということも影響していると思います。

2問目の答えは、菊です。ちなみに、硬貨は絵が描いてある方が表になります。お金の問題を出すと、多くの方は、建物なんじゃないかとか、鳥じゃないか、桜なんじゃないかと思っていたりします。正解は、ちょっと意外かもしれませんが、菊なんです。これは正解率は低いです。

3問目の答えは、東京駅の駅舎です。お札というと、花や鳥、お寺、富士山などを想像する人も多いようですが、東京駅の駅舎が描かれています。なお、旧1万円札は、平等院鳳凰《ほうおう》堂にある鳳凰像が描かれています。長らくお世話になった旧1万円札はよく見ているはずですが、これまたほとんどの人が正解を言えません。

最後の4問目の答えに行く前に、ローソンの看板の色は、何色ですか？ そう、青と白ですね。青色は、創業者であるJ．Jローソンさんの牛乳屋さんがあったオハイオの空の色を表しているといわれています。さて、ローソンの看板には、LAWSONと上部に文字が書かれていますが、下部にはなんと書かれているでしょうか。この質問をすると、何も書かれていないという方も多くいます。また、「コンビニ」や「24Ｈ（24時間）」と答える方もいますが、正解は、STATIONでした。これも意外ですよね。

さぁ、いかがでしたでしょうか。全問正解できたでしょうか。毎日、見ていても、また、お金なんて毎日のように触っていても、聞かれると意外と答えられなかったりします。なぜ答えられないかというと、関心がないからです。でも、今日、早速、信号機は見たりするでしょうし、お金やコンビニの看板も見るようになると思います。そうやって、関心を持つようになると、物事ははっきりと見えてくるようになります。相手とコミュニケーションをちゃんと取れるようになるには、相手に関心を持つことが何より重要です。

相手の目線に立つ方法

相手の目線に立って話ができるかどうかは、とても大切です。相手の目線に立って、物事を考えられない人が多いからです。ここでも、ちょっとしたクイズをやってみましょう。

クイズ あなたは、あるホスピス（末期がん患者向けの終末医療施設）で働いています。ある時、40代後半の末期がんの男性患者さんが入院してきます。その患者さんは、これまでバリバリ仕事をしていて、管理職として活躍していたのですが、おなかの調子が悪いということで、近くのクリニックを受診したところ、大学病院を紹介され、検査したところ、末期の胃がんでステージ4、余命半年と宣告されてしまいます。それ以降、奥さんが子供を実家に預け、つきっきりで看護してくれています。病院では、施せる治療がないということで、あなたの勤めるホスピスに転院してきました。患者さんは、最近、不眠で悩んでおり、薬をもらいましたが、なかなか効きません。そのため、奥さんが看護師さんに、「この薬、全然効かないみたいなんです。どうしてですかね？」と質問しました。看護師さんから薬の説明を受けて、奥さんは一度は納得します。しかし、旦那さんの不眠が解消されないため、また別の看護師さんが病室に来た時に同じ質問をします。そんなことを何度も繰り返していたため、奥さんは、看護師の間でも、ちょっと面倒な人と認識されつつありました。そんな時に、ベテランの医師が病室に診察に訪れました。やはり奥さんが

「あれから主人は、全然眠れていません。どうして、この効かない薬を使い続けるんですか?」と問い詰めるような口調で質問したところ、医師は、旦那さんへの治療方法や薬など何も説明することなく、ボソッと奥さんに「〇〇〇〇」と言いました。それを聞いた奥さんは膝から崩れ落ちて号泣し、それ以降、何も言わなくなりました。さあ、この医師は奥さんに何を言ったと思いますか?

相手の目線に立てるこの医師は、「奥さん、つらいですね」と言葉をかけたのです。まだ若いご主人の死を間近にしている奥さんにどんな言葉をかけられるのか――。いかに相手の目線に立って、物事を考え、話ができるかが問われているのです。

続いて、次のような状況ではいかがでしょうか。顧客が壊れた愛用の商品についてのクレームを主張しています。

顧客:「いつも使っている商品が壊れていて全然使えなくて困っている。どうに

かしてください！」

こんな時、あなたは、お客様に対してどのように声をかけるでしょうか？

サポート担当者：「ご不便をおかけして、大変申し訳ございません。どのような状態になっているのか具体的に教えていただけますでしょうか？　また、すぐに交換品を送る手配をいたします。お手元の商品の返送手続きも簡単に行えるようにサポートさせていただきます」

ポイントは、商品が使えないことで、不便な思いをされているんだなという気持ちを持てるかどうかです。お客様の気持ちにどれだけ共感できるかどうかが問われています。このように相手の立場になって考えられるかがとても大事なのです。

ロジカルに説明できないと聞き手の頭に「?」が生まれる

あなたも経験があると思いますが、人の話を聞いている時に、頭の中に「?」が生まれることってありますよね。「この人は、何を言ってるの?」とか、「えっ、それって違うよね?」とか、「本当にそう言えるの?」と疑問が生まれる時です。頭の中に「?」が生まれた瞬間から相手の話の内容が頭に入ってこなくなります。要するに意味が通じていないのです。では、どんな時に聞き手の頭に「?」が生まれるか説明したいと思います。

まず、聞き手の頭の中に「?」が生まれる瞬間が2つあります。

一つ目は、話の内容に漏れや重複(ダブり)がある場合です。漏れはあるが重複がないケースもあれば、漏れはないけど重複があるケース、漏れも重複も両方あるケースの3つのパターンがあります。それぞれ具体的に見ていきましょう。

図E　重複ないが漏れがあり（出所：筆者）

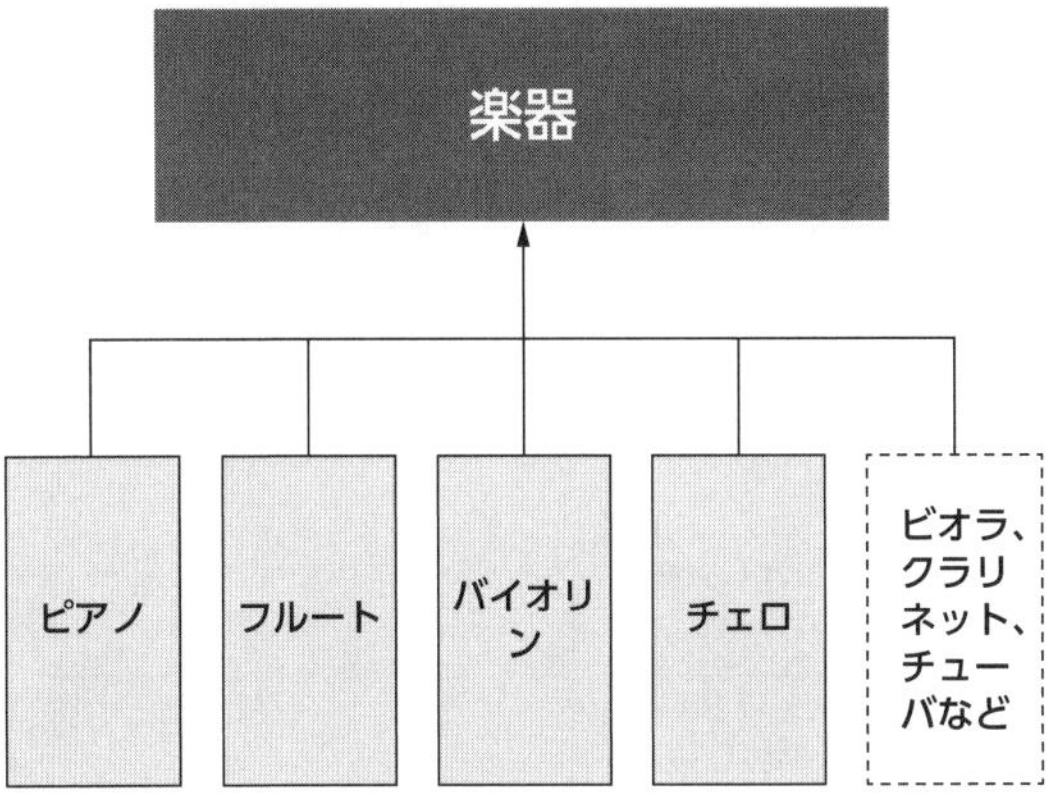

重複はないが、漏れがある状態だと、聞いている人も「？」となる

1　漏れはあるがダブりがない例

例えば、楽器には、ピアノとフルートとバイオリン、チェロがあります。こう聞いて、あなたはどう思うでしょうか？

違和感を感じますよね。ピアノとフルートとバイオリン、チェロ以外にも楽器はあるからです。「ビオラやクラリネット、チューバなど他にも楽器はあるよね？」って思うと思います。つまり、漏れがあるからおかしいなと感じるわけです（**図E**参照）。

2　漏れはないがダブりがある例

商品を購入した人を、男性、女性、20歳未満、20歳以上の4種類に分類しよう

図F　左：漏れはないが重複あり、
右：漏れも重複もなし（出所：筆者）

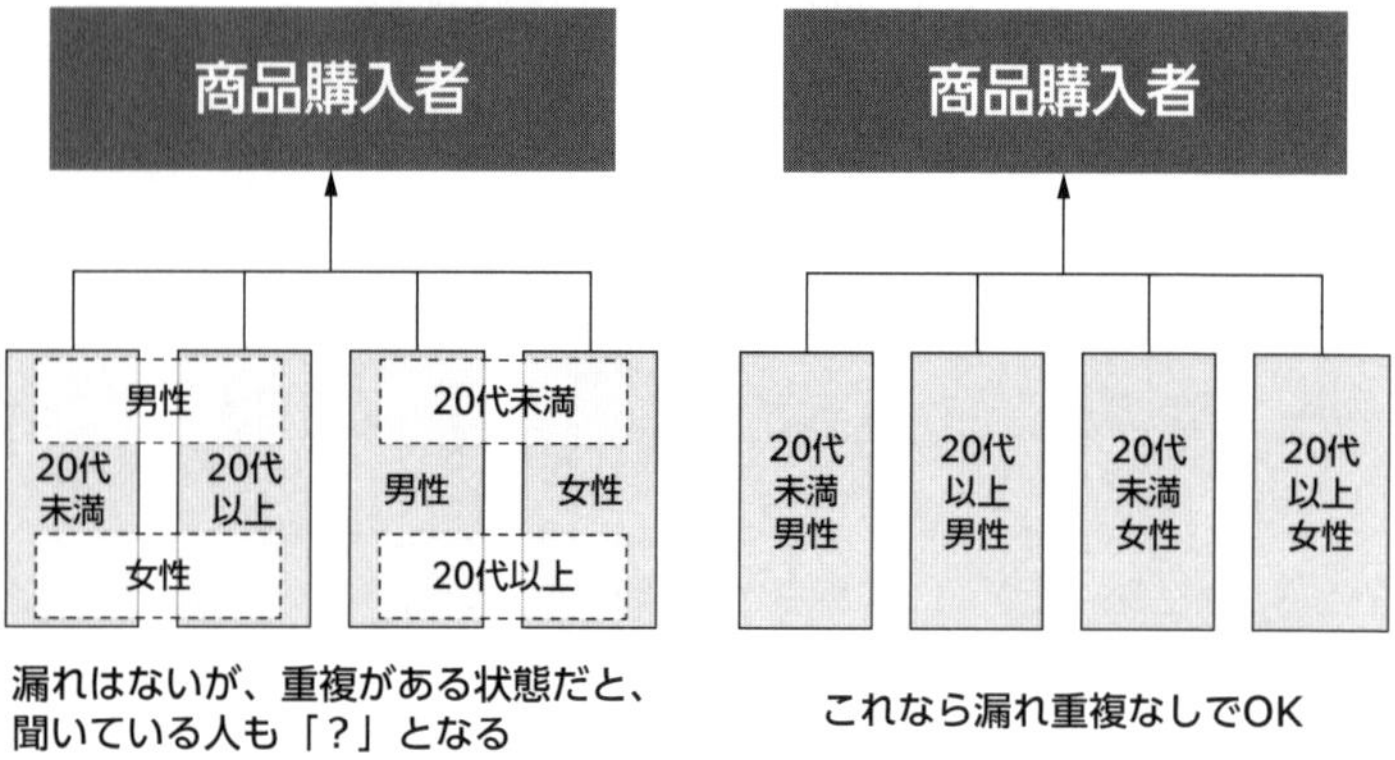

としたとします。男性と女性は漏れがなく分けることができます。また20歳未満と20歳以上に分けることも漏れがなくできます。しかし、例えば20歳未満でも男性と女性がいますし、また、20歳以上にも男性と女性がいますので、ここでも重複してしまいます。なので、4種類に分ける場合は、漏れはないのですが、重複は発生するので、これを聞いたあなたは、「本当にそうかな？」と思ってしまうのです（**図F**左参照）。ちなみに、20代以上男性、20代未満男性、20代以上女性、20代未満女性に分ける場合は、漏れも重複も発生しません（**図F**右参照）。

図G　漏れとダブりあり（出所：筆者）

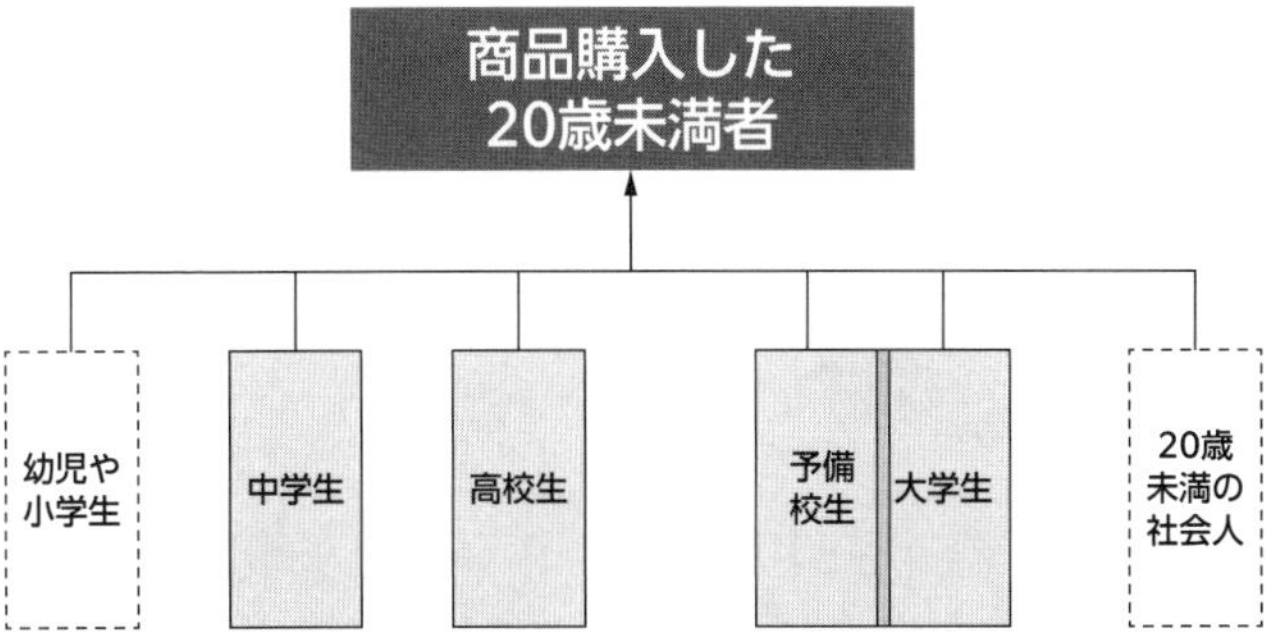

漏れがあり、重複もある状態だと、聞いている人も「？」となる

3　漏れもダブりもある例

商品を購入した20歳未満の人たちを、さらに中学生、高校生、予備校生、大学生に分類したとします。この場合、幼児や小学生、20歳未満の社会人などは漏れており、予備校生と大学生では重複が発生しています。大学に通いながら、さらに予備校で別の大学受験に向けて勉強している、いわゆる仮面浪人をしている人は、「大学生」と「予備校生」の両方に該当します。これは、漏れもありますし、重複もある例です（**図G参照**）。

以上の3つが話の中で発生すると、いずれも聞き手の頭の中に「？」が生まれてしまいます。そのため、漏れも重複も

図Ｈ　論理の飛躍（出所：筆者）

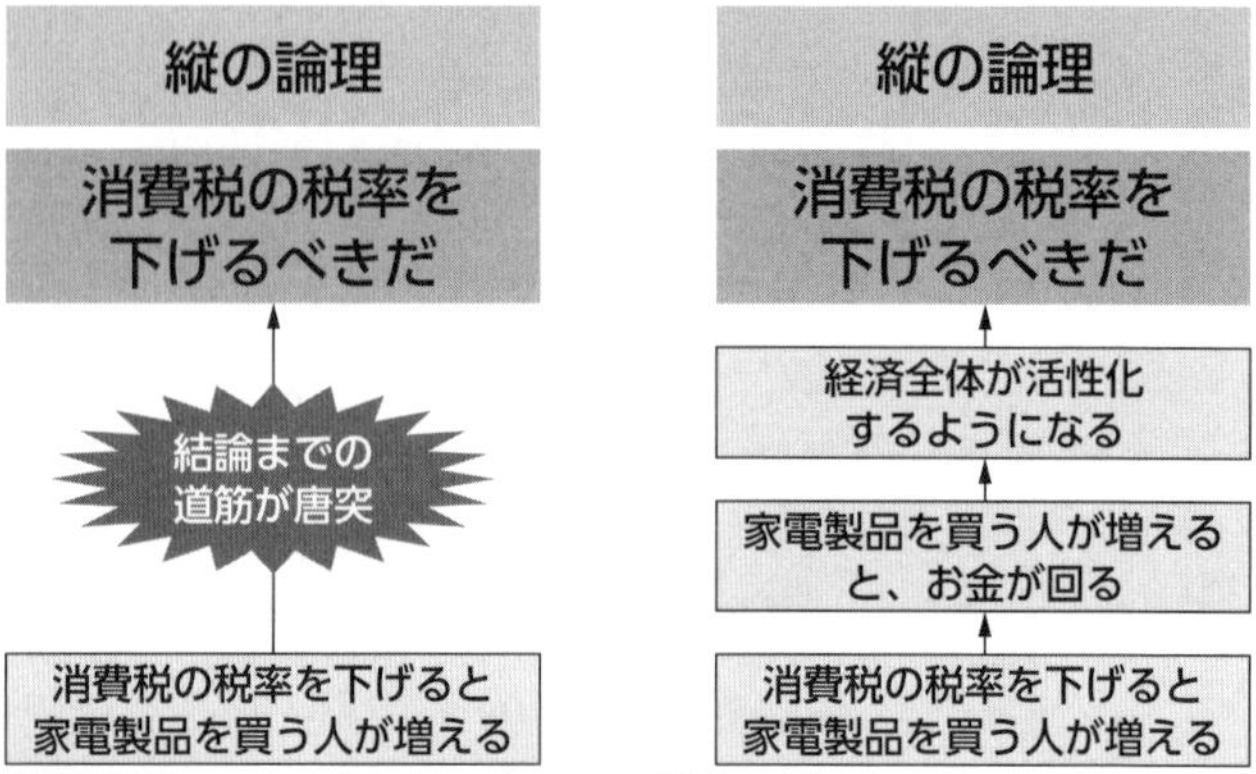

消費税の税率を下げるべきだ
結論までの道筋が唐突
消費税の税率を下げると家電製品を買う人が増える

消費税の税率を下げるべきだ
経済全体が活性化するようになる
家電製品を買う人が増えると、お金が回る
消費税の税率を下げると家電製品を買う人が増える

論理が飛躍していて分かりにくい。なぜそう言えるの？と疑問が湧く

途中で引っかかることなく、ふむふむと読める

ない状態（横の論理）が望ましいのです。

そして、聞き手の頭の中に「？」が生まれる瞬間の二つ目が論理の飛躍がある場合です。

論理の飛躍がある例

話の内容について、結論と理由の間に論理の飛躍があると、聞き手の理解はストップしてしまいます。例えば、結論と理由の間のステップが省略されている、すなわち論理の飛躍があると、なぜ、その理由から結論が導かれたのかが分からなくなってしまいます（**図Ｈ**参照）。そのため、論理の飛躍がない（縦の論理）ようにすることが必要です。

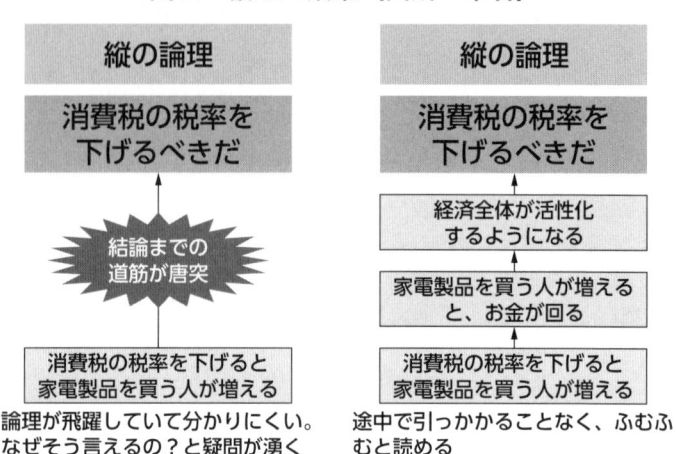

これらのように、会話内容に漏れやダブり、論理の飛躍などがあると、聞き手が会話の途中で違和感を覚えてしまい、その先の話を聞いてもらうことができなくなります。「えっ？　これはどういうことだろう？」と疑問に思ってしまって、その先の話が頭に入ってこないのです。しかも、1回違和感を覚えてしまうと、他にも違和感のあるところがあるのではないかと、あらを探されてしまい、自分の伝えたいことが伝わらない残念な結果になってしまいます。

だからこそ、会話はロジカルにできる必要があるわけですが、では、自分がどれだけロジカルに話ができているかどうかを、次にセルフチェックしてみましょう。

□上司から、「何を言っているか分からない」とよく言われる
□自分は論理的に説明するのが苦手だ
□ぶっつけ本番で話すことが多い
□上司や先輩から「もっと分かりやすく説明してほしい」とよく言われる
□どうすれば、論理的に話せるのかが正直分からない

□考えれば考えるほど頭の中が混乱してしまう
□結論を出すのに時間がかかる
□ポイントを絞って話すのが苦手だ
□上司に提案しても、却下されることが多い
□具体例を出して説明することが少ない

チェックが0個…………素晴らしい!!
チェックが1～3個………ロジカルシンキングの素養あり
チェックが4～7個………基礎から勉強が必要
チェックが8個以上……現状、分かりにくい説明がほとんどと思われ、要努力

ロジカルシンキングを理解している人は実は少ない

上司や先輩と話をしている時に、「それってロジカルな説明かな?」とか「ロ

ジカルシンキングで考えた？」とか聞かれたことはないでしょうか。相手と話をする時、ロジカルシンキングの手法で話ができないと相手に伝えたいことを伝えられないばかりか、理解してもらうことができません。

では、そもそも、ロジカルシンキングとは何でしょうか？ logical thinkingとは、直訳すると、「論理的思考」です。続いて質問です。

質問：論理的思考とは、何でしょうか？

矛盾のない理屈の通った思考・伝達方法のことを意味します。もっと簡単に言うと、相手に「？」と思われない考え方、伝え方です。相手に「？」と思われない考え方、伝え方にするためには、どうすればよいでしょうか？ それを考えながら読み進めてみてください。

ロジカルシンキングは論理的思考と説明できても、論理的思考が説明できないワケ

私がロジカルシンキング研修などで、社会人の受講生に「ロジカルシンキングとは何ですか?」と聞くと、「えーと、論理的思考です」とほとんどの人は、こう答えます。英語の直訳ですね。

では、さらに質問です。「論理的思考とは、どういう意味ですか?」と聞くと、途端に口を閉ざしてしまいます。「そうですね、論理的な思考のことです」とほとんど答えになっていない答えを言ってきたりします。

実は、ロジカルシンキングについて、ちゃんと答えられる人は少ないのです。それは、ロジカルシンキングについて、ちゃんと教えてくれる人がいなかったり、具体的に説明するのが難しい抽象的概念だったりするからです。

結論と理由がワンセット

誰もが論理的に説明したいと思っています。しかし、論理的に説明するのは意外と難しいことです。では、どうやって論理的にすればよいかといえば、結論と理由をワンセットにして話せばよいのです。具体例としては、こんな感じです。

例文1

結論：このプロジェクトは1カ月延長するべきです。

理由：現在の進捗状況では、予定された機能の全てを十分にテストする時間が足りないため、品質を確保するためには追加の検証の時間が必要だからです。

図1　ロジカルシンキング（出所：筆者）

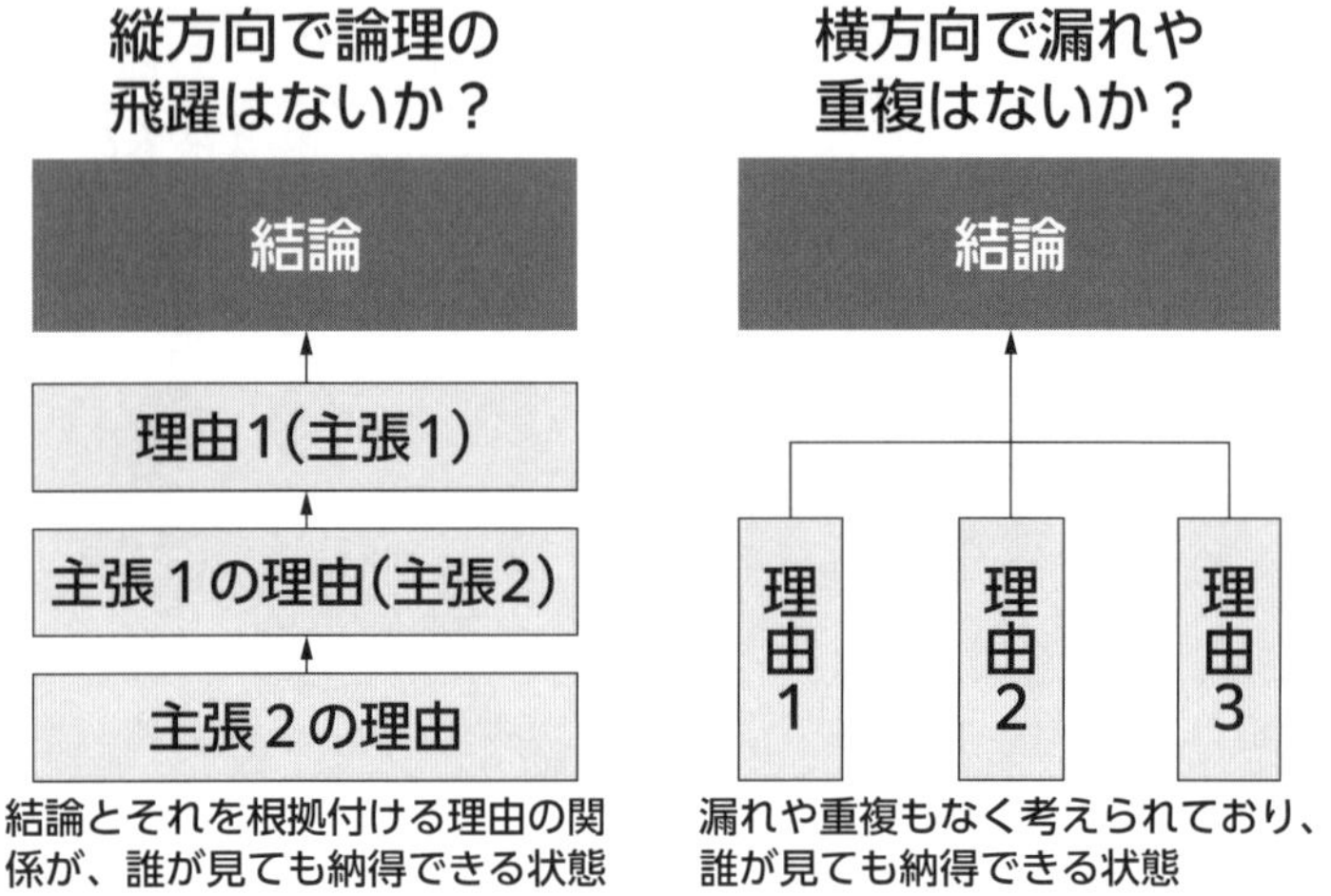
縦方向で論理の飛躍はないか？
結論
理由1（主張1）
主張1の理由（主張2）
主張2の理由
結論とそれを根拠付ける理由の関係が、誰が見ても納得できる状態
横方向で漏れや重複はないか？
結論
理由1
理由2
理由3
漏れや重複もなく考えられており、誰が見ても納得できる状態

例文2

結論：商品Aの価格を5％引き下げるべきです。

理由：最近の調査によると、競合他社が類似商品を当社よりも低価格で提供しており、価格を引き下げることで販売シェアを維持できる可能性が高いためです。

論理の論とは、結論の「論」であり、論理の理とは、理由の「理」だからです。結論から話すようにして、まず結論を話したら、その次は理由を話すことを常に意識することです。そして、その結論に導く筋道（理由）が縦方向に論理の飛躍があってはいけませんし、横方向に漏れやダブりがあってもいけないのです（**図I**参照）。

ロジカルシンキングとクリティカルシンキングの違い

ロジカルシンキングを勉強する時に一緒に学んでおいた方がよいのがクリティカルシンキングです。また、難しい言葉が出てきたぞと思わなくて大丈夫です。クリティカルシンキングは、英語をそのまま直訳すると批判的思考です。物事を単に受け入れるのではなく、疑問を持ち、分析し、論理的に考える思考方法です。単に批判することではないので、注意が必要です。

なぜ、クリティカルシンキングが必要なのかといえば、間違った方向にいくことを防止することができますし、また、従来のやり方や考え方が通用しないほど、時代が変化しているからです。

例えば、多くの飲食店は、成功の法則の一つである、集客ができる繁華街への出店を増やして売り上げを増やしていくというやり方を実践しようとします。しかし、コロナ禍によって、この成功法則は崩れ去ります。新型コロナウイルスの感染拡大により、外出の機会や外食が激減し、店舗数を増やしても、結局、お客様が来ることはなく、固定費だけがかさむ結果となりました。外食するお客様が激減し、多くの飲食店が倒産していったのも記憶にあると思います。その結果、店舗数を増やせば、売り上げと利益は伸びるという前提をクリティカルシンキングで疑うことが必要でした。実際、ウーバーイーツや出前館などのように、出前専門の拠点数を増やすことにより、売り上げや利益を拡大して成功した会社もあったのです。

ロジカルシンキングとクリティカルシンキング、この2つはどのような関係で、どのような違いがあるのでしょうか。

まず、ロジカルシンキングとクリティカルシンキングは、別物だというイメージがあるかもしれませんが、そうではありません。結論への道筋が異なるだけで、相互に補完し合う関係です。ロジカルシンキングとクリティカルシンキングは、どちらも思考力を高めるための方法ですが、目的とアプローチが異なります。

目的とアプローチ

ロジカルシンキング：矛盾のない理屈の通った思考方法で、結論を導き出すためのプロセスです。論理の流れが重要で、「結論はAである。なぜならBだから」「Bだから結論Aと言える」というような因果関係や推論を用います。

クリティカルシンキング：情報や意見、データを批判的に評価し、正確性や信頼性、妥当性を判断するプロセスです。主に、主張や結論が正しいかどうかを評価します。

違いの例

ロジカルシンキング：売り上げが下がった原因を、商品定価の引き上げと広告宣伝費の削減という二つの要因に絞り、データを使ってその因果関係を分析する。

クリティカルシンキング：売り上げが下がったというデータが本当に信頼できるか、そのデータの収集方法や分析方法は正しいかを検証し、価格引き上

図Ｊ　ロジカルシンキングとクリティカルシンキング
（出所：筆者）

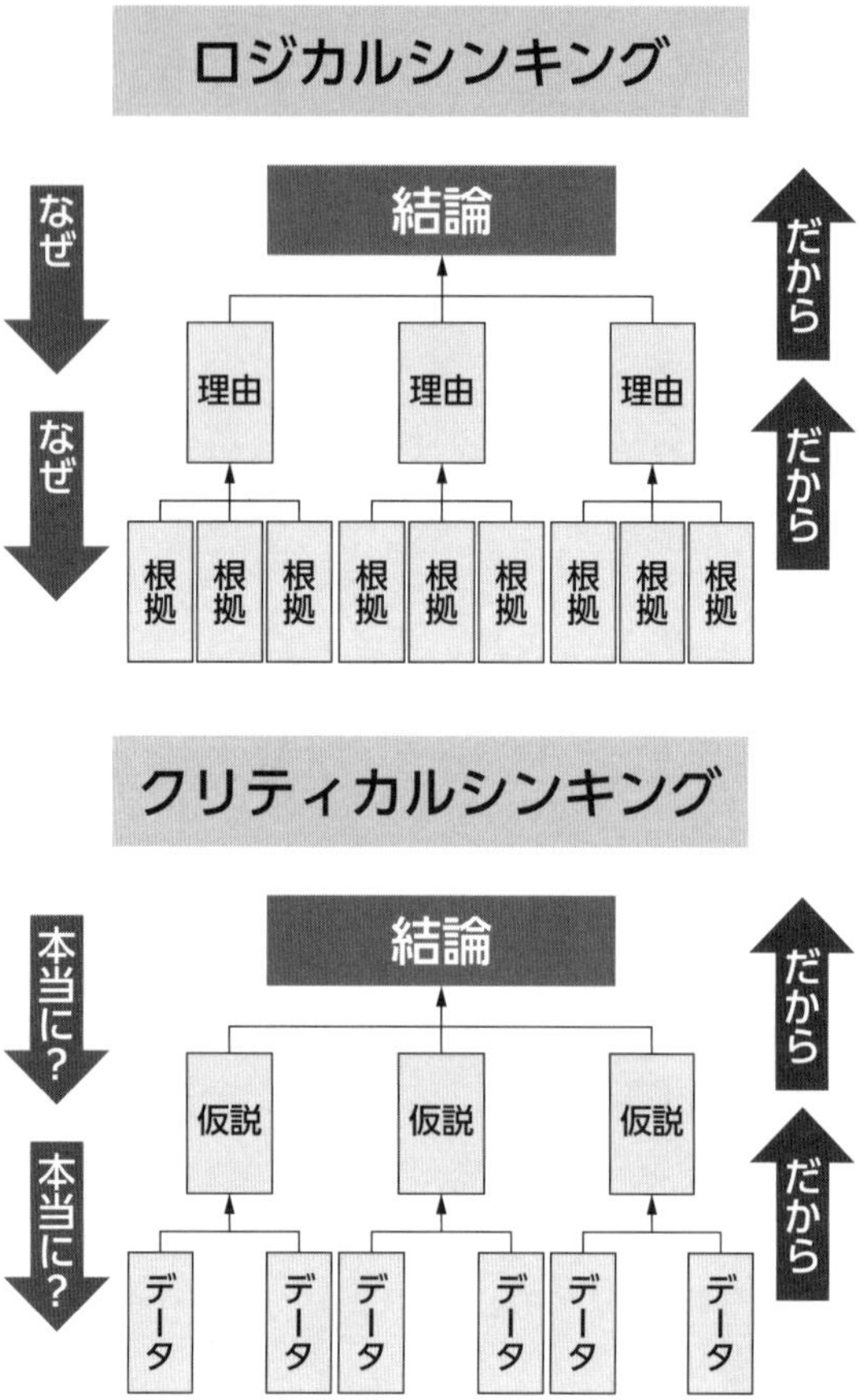

表K　ロジカルシンキングとクリティカルシンキングの違い（出所：筆者）

項目	ロジカルシンキング	クリティカルシンキング
意味	矛盾のない理屈の通った思考方法で結論を導き出すためのプロセス	情報や意見、データを批判的に評価し、正確性や信頼性、妥当性を判断するプロセス
目的	論理的で一貫した結論を導くこと	情報や主張、データの正確性や信頼性、妥当性を評価し、誤りを発見すること
アプローチ	結論と理由がワンセットになっているか、内容に漏れや重複がないか、論理の飛躍がないかを確認しながら結論を導く	情報や意見をあらゆる視点で検証し、批判的に見ることで誤りを発見する
注意点	内容に漏れや重複があったり、論理の飛躍があったりすると、あらを探され、結論に対する納得感がなくなってしまう	過度に批判的になりすぎると、決断が遅れる場合がある。目的を忘れて、あら探しに終始してしまうことがある

げや広告宣伝費削減以外の原因も検討する。

以上を**図J**と**表K**に示すとこんな感じです。

例えば、経営層に月次報告をする際、どのように報告するかというと、まず、月次報告書を作成します。その月次報告書の内容は、ロジカルに記述しないといけませんし、口頭でもロジカルに説明できないといけないので、ここでロジカルシンキングを使います。ロジカルに説明しないと、経営層の頭の中に「？」が発生してしまい、理解してもらうことができないからです。結論をちゃんと理由が支えているか「なぜ」を問うていきます。逆に理由から結論が導けるか、「(理由)だから(結論)」とスムーズに言えるかも検証します。

そして、その月次報告書のデータは本当に正しいのか、検証していきます。また、月次報告書で報告されている内容や主張が本当にそう言えるのかを確認していきます。それが、つまり、クリティカルシンキングなのです。結論に至る仮説やデータを本当に結論付けとして用いてよいか「本当に？」と問うていき、逆にデータや仮説から結論が導けているのか「だから」で問うていき、問題がなければ、クリティカルシンキングは機能していると言えるのです。

第2章

Aタイプ 言葉でコミュ力を高めたい

イラスト　gugu／Adobe Stock

早速、Aタイプ、つまり、言葉によるコミュニケーション能力を高めたい人向けのパートに入っていきたいと思います。言葉で伝えるのって、なんか苦手なんだよなって思っている方が、どうすれば言葉でコミュニケーションをスムーズに図っていけるようになるかをクイズなどを織り交ぜながら説明したいと思います。

ストーリーテリングの力

言葉で伝えるのが苦手な人は、言葉で伝える時、とりあえず、頭に浮かんだことをそのまま話してしまいがちです。それだと、話すべきことが頭に浮かんでいるうちはいいのですが、そのうち話が続かなくなるため、途中で止まってしまうのです。また、頭に浮かんできた順で話してしまうので、話がしどろもどろになりがちです。言葉によるコミュニケーションが苦手な人は、まず最初に話のストーリーを考えることが大切です。

なぜ、ストーリーが必要かというと、言いたいこと、伝えたいことを相手にイメージさせたり、印象付けたりすることができるからです。また、相手に共感させることもできます。事実やデータだけを単に説明するよりも効果的なのです。もっと言うと、話す準備段階でストーリー作成にかなりの時間をかける必要があります。

例えば、営業の仕事でお客様に対してプレゼンテーションをしなければならなくなった場合、工数の6割はストーリー作成に使います。コミュニケーション下手の人の多くは、ストーリーはそっちのけで、すぐ資料の作成やパワーポイントの作成に取りかかります。そして、パワーポイントのスライドをあーでもない、こーでもないと言いながら作成することにかなりの時間をかけますが、コミュニケーションモンスターは時間をかける箇所が違います。ストーリーの作成に注力するのです（**図L**参照）。

ストーリーというと、すぐ、起承転結でという話が出てきますが、ストーリー展開は、起承転結以外にもたくさんありますので、まずは、自分に合ったものや状況に応じたものを探すとよいです。いくつか紹介したいと思います。

図L　プレゼンに臨む前の時間配分（出所：筆者）

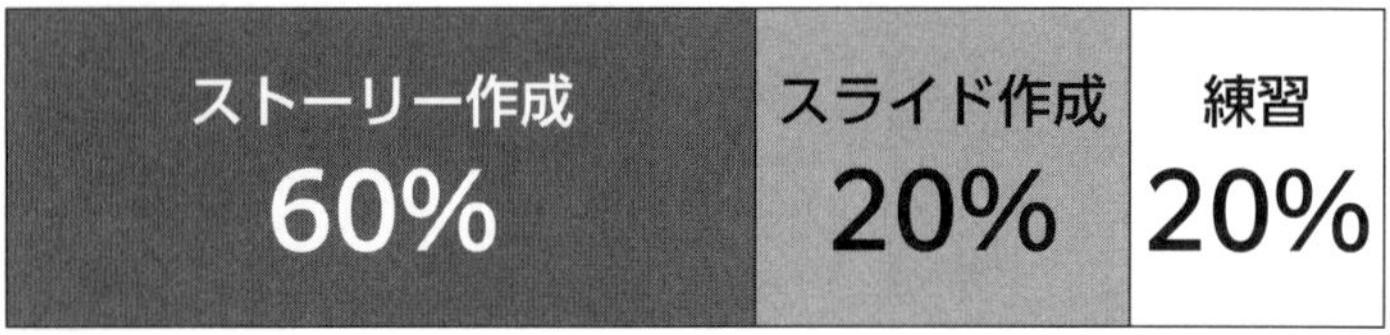

1　問題解決型

この構造は、ビジネスにおけるプレゼンテーションや提案に非常に適しています。

問題提示：まず、具体的な問題や課題を明確に提示します。

解決策：その問題に対する解決策やアプローチを説明します。

メリットと成果：解決策を実施した結果、どのようなメリットや成果が得られるのかを示します。

次のステップ：提案された解決策を実行するための具体的なアクションプランを提示します。

具体例としては、こうです。

(例)「市場のニーズが変化しているため、我々の製品が売れにくくなっています。この問題に対処するために、既存製品のリニューアルを提案します。リニューアルにより、ターゲット層へ訴求することができ、売り上げが10％増加すると予測しています」

2 逆ピラミッド型

逆ピラミッド型といわれる方法は、報道やニュースでよく用いられるスタイルで、重要な情報を最初に提示し、その後詳細な情報を提供するものです。通常、重要な情報を最後に話すのに、これは最初に重要な情報を提供することから逆ピラミッドといわれます。よく、ニュース番組でアナウンサーが「○月○日の未明、○○駅前の大手コンビニチェーン店で刃物を使って現金を奪ったとして、○歳の男が逮捕されました。強盗の疑いで逮捕されたのは、○○です。警察によりますと……」といった感じで伝えていきますよね。この手法は、相手の興味を引くことができます。ただ、最初だけ聞いて、最後まで聞かなくなるデメリットもあります。また、時系列を追って情報を提供するような物語的な話にも向きません。

最も重要な情報：結論や最も重要なポイントを最初に述べます。
背景情報：重要な情報の背景や詳細を説明します。
追加情報：さらに詳細なデータや補足情報を提供します。

具体例としては、こうです。

例「我々の新製品は、業界標準を超える革新的な機能を搭載しています。この機能により、顧客の作業効率が20％向上します。追加の詳細情報として、ユーザーの実際の声や市場調査結果を紹介します」

3　ストーリーピーキング

物語の「ピーク（一番の盛り上がり）」を中心に話を構成し、心を揺さぶるような内容を強調することからストーリーピーキングと言います。スポーツでも本番の試合に向けて、コンディションを高めていくのと同様、話をする時も一番の盛り上がりに持っていけるよう順序立てるやり方です。
導入：物語の背景やキャラクターを紹介します。
クライマックス：最も心を揺さぶるような出来事や挑戦を中心に展開します。
解決：クライマックスに対する解決策や結果を示します。
結論：物語の結末や教訓を伝えます。

具体例はこうです。

㊎「我々の企業は最初の数年で厳しい競争に直面しましたが、革新的な戦略を採用することで状況を打破しました。クライマックスでは、新しい商品がヒットして、一大成功を収め、業界のリーダーとしての地位を確立しました」

4　ヒーローズ・ジャーニー型

ジョーゼフ・キャンベルの「英雄の旅」を基にした構造で、世界中の神話や寓話を研究し導き出した法則なので、地域や年代を問わず、有効なやり方です。昔話の「桃太郎」とかをイメージしてもらえればと思います。

普通の世界：話の出発点としての状況や環境を紹介します。
冒険の呼びかけ：チャレンジする内容や目標を設定します。
試練と成長：主人公（自分やチーム）が直面する試練や成長の過程を描写します。
帰還と成果：冒険を終えた後の成果や変化を示します。

具体例はこうです。

㋓「我々のプロジェクトは、最初の段階で多くの障害に直面しましたが、チームメンバーの協力と創意工夫により、最終的に業界での売り上げNO1を獲得しました。この経験を通じて得た教訓を共有します」

5　数字とデータ中心型

データや数字を中心にストーリーを構成し、具体的な証拠を示します。
主要なデータポイント：重要なデータや統計情報を最初に提示します。
データの解釈：データが示す意味や影響を説明します。
実績と効果：データに基づいた成果や実績を紹介します。

未来の展望：データから導き出される今後の展望や提案を示します。

具体例としては、こうです。

例

「我々の新しいシステムは、導入後の顧客満足度を40％以上向上させました。このデータに基づいて、さらなる改善の可能性についてお話ししたいと思います」

簡潔さを保つテクニック

簡潔に話すことができれば、話に無駄がなく、要点を捉えているので、相手も理解しやすくなります。

物事を相手に的確に伝えるために簡潔に伝えるということは、最初のうちは難しいかもしれませんが、基本を押さえることでおのずとビジネスシーンで求められる対応が身に付くはずです。京セラ創業者である故・稲盛和夫さんの「バカな

写真Ｍ　話す前に要点だけをメモする（出所：筆者）

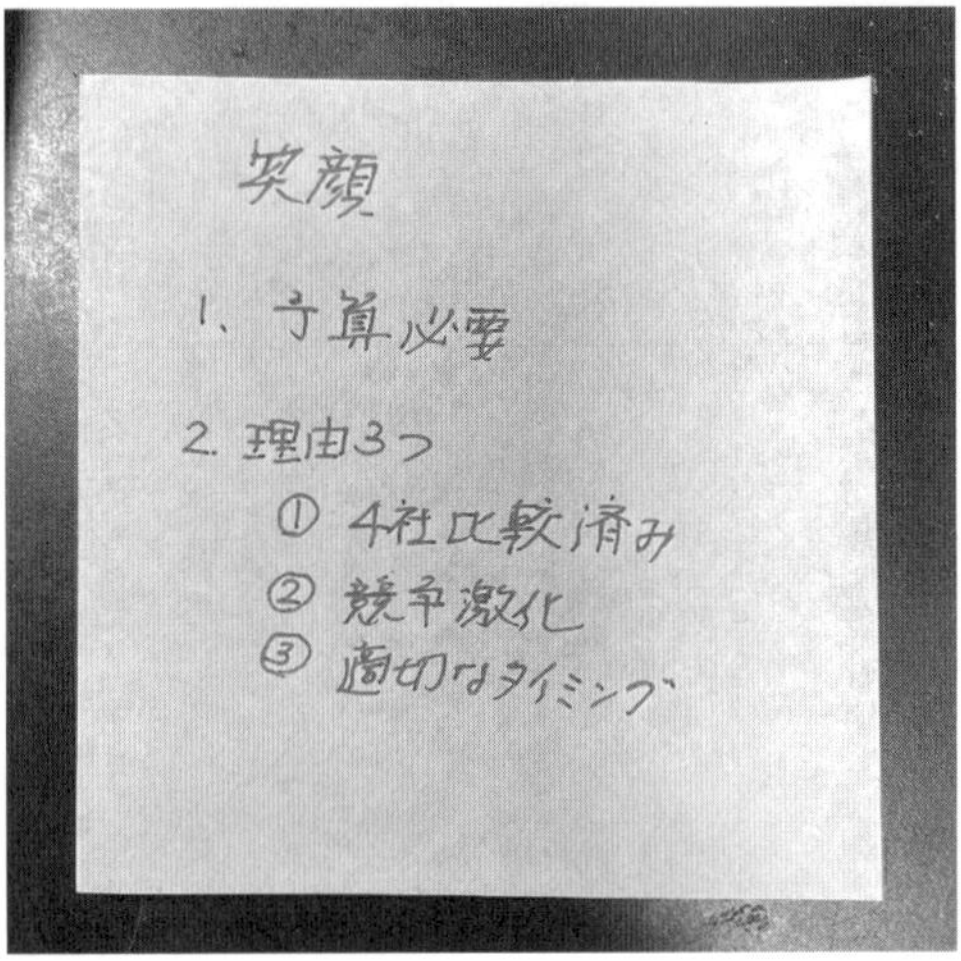

奴は単純なことを複雑に考える。普通の奴は複雑なことを複雑に考える。賢い奴は複雑なことを単純に考える」という言葉からも分かるように、シンプルに分かりやすく物事を伝えることこそがコミュニケーションには重要なのです。難しいことを簡単に説明できる人の方が実は頭がよいのです。

簡潔に伝えるためのテクニックとして、特に効果的なものが３つあります。

１　メモを活用する

話す前に要点だけを簡単にメモしておきます（**写真Ｍ**）。話が整理され、無駄な情報を省くことができます。これにより、相手に伝えるべきポイントが明確になり、簡潔に話すことが容易になります。ただし、話す内容全てを書いてはいけません。あくまでも書いていいのは要点だけです。全文を書いてしまうと、それを読みたくなるからです。

2　短い文を心がける

複雑な文や長い説明を避け、短くてシンプルな文を使うように意識することで、伝えたい内容が分かりやすくなります。これにより、相手にスムーズに情報が伝わりやすくなります。具体的にはこうです。

改善前：今回のキャンペーンは、顧客に新しい商品を試してもらうことを目的としており、割引クーポンを提供することで、顧客の購買意欲を高めることを目指しています。

改善後：キャンペーンで割引クーポンを提供し、新商品の購入を促進します。

このように短い文章にすることで、伝えたい内容が明確になり、相手にも伝わりやすくなります。

3　1つのメッセージに絞る

一度に伝える情報を1つに絞ることで、焦点がぶれず、話が簡潔になります。これにより、相手に強く印象付けることができます。たくさん言いたいことがあっても我慢し、絶対これだけは伝えたいというメッセージに絞るのです。

たった一言で言い表す力

たった一言で言い表す力は、情報を簡潔かつ効果的に伝えるために重要です。相手の時間を節約し、要点を確実に伝えることで、誤解を避け、迅速な意思決定を可能にします。また、説得力を高め、記憶に残りやすくなるため、ビジネスやコミュニケーションの場で特に求められるスキルです。ダラダラと話すより、たった一言で言い表すことができたら、「この人の話、分かりやすいよね！」ということになります。

一言で言い表すようになれるには、練習が必要です。ちょっと練習してみましょう。問題文を一言で言い表してみます。

問題：私の夢は世界一周をすることであり、そのために毎日努力しています。将来は世界中の文化や言語に触れることができる仕事に就きたいと考えています。

一言で言い表すと：世界一周を夢見る探究家。

問題：昨年、プロジェクトを率いて大きな成功を収めましたが、その過程で多くの課題に直面して、乗り越えました。成功の秘訣はチームワークとひたむきな努力です。

一言で言い表すと：課題を乗り越えたリーダー。

問題：私にとって仕事と家族が最も大切な価値観です。これらがバランスよく保たれることで、私の人生は満たされています。

一言で言い表すと：仕事と家族を大切にする人生。

問題：リーダーシップとは、チームのビジョンを共有し、メンバーの目標達成を支援することだと信じています。私の目標は、ポジティブな影響を与えるリーダーになることです。

一言で言い表すと：チームを導く影響力のあるリーダー。

問題：私の仕事は私の情熱でもあります。日々の努力と研究を通じて、自分の専門分野で専門知識を深めています。将来はこの分野でイノベーションを推進することが目標です。

一言で言い表すと：情熱を仕事に生かす専門家。

幾つかやってみましたが、いかがでしたでしょうか。私の答えの通りでなくてもよいのです。まずは、たった一言に言い換えようとした努力が素晴らしいです。それを日頃のコミュニケーションの中でも意識していきましょう。

言い換える力〈クイズ〉

あなたは、相手と話をしたり、会社のミーティングで発言したりする時、分かりやすい言葉で話ができているでしょうか。難しい言葉を使っても、相手が理解できなければ、その言葉を使う意味は全くありません。コロナ禍で出てきた言葉があります。

・東京アラート
・ロックダウン
・クラスター
・ソーシャルディスタンス
・ステイホーム
・オーバーシュート

それぞれ、インパクトのある言葉で、ニュースでも何度となく取り上げられた言葉です。何となく意味は分かりますが、「それって何ですか？」と聞かれると、「うーん、えーと……」となる言葉でもあります。

しかし、インパクトのある言葉には、副作用があります。それは、意味が分かりにくく、結局、伝えたいことが伝わらないという副作用です。そのため、ステイホームといっても、結局、今一つ理解できない人が現れ、ルールを作っても守ってもらえない事態が世間では発生したのです。とすれば、その言葉は、発した意味がなくなってしまうのです。

横文字の言葉は、インパクトもあり、小池百合子東京都知事などが発言したため、メディアにも注目され、何度も取り上げられたりしました。しかし、例えば高齢の方は、理解できなかったりするわけです。インパクトのある言葉は、使ってもよいのですが、使うのなら、その言葉の後に日本語で言い換えることがとても大切です。では、せっかくなので、幾つか日本語に言い換えてみましょう。

クラスターは、日本語に言い換えると、どう言いますか？　そう、集団ですね。でも、マスコミは、感染者集団と言ったりしていますが、そこまでの意味はありません。

ステイホームは、家に居ろ！ ですね。

ロックダウンは、どうでしょうか？ ロックダウンとは、建物や場所に人々が自由に出入りすることが許されていない状況のことを言いますが、一言で言うと、封鎖です。ニュースでは、都市封鎖と言ってますが、都市や国など、どこでも対象になるので、都市封鎖というのは、厳密に言うと、誤りです。封鎖なのです。

オーバーシュートは、どうでしょうか？ オーバーシュートは、超過するという本来の意味にもかかわらず、勝手に「感染爆発」の意味で報道されていますが、これも全くの誤りです。

カタカナ表記の英語がちゃんとした意味で出ているのならともかく、本来の意味とは異なる使用をされると、人は分からなくなってしまいます。分からない言葉で説明されても、人は理解することができません。

人に分かりやすく説明するには、中学1年生に伝えるくらいのレベルで、分かりやすく説明をしないといけません。

特にカタカナ表記は、日本語で分かりやすく言い換えて、伝える必要があります。それでも分かりにくいと思えば、分かりやすい例を出して、説明します。私が、講演をする時にいつも心がけているのは、分かりやすい言葉で伝えることです。初めて聞いた人も理解できるように話すこと、これをいつも念頭に置いて、資料を作ったり、実際の講演で話をしたりしています。

分かりやすく伝えることも大切ですが、実はもっと大切なことがあります。それは……伝わること。つまり、伝わるように伝えないと意味がありません。言い換えもそうです。難しい言葉を伝えても、伝わらなかったら意味がないのです。

あなたは、分かりやすい言葉で、説明できているでしょうか？　せっかくなので、実際に仕事などでよく使われている言葉で練習してみましょう（**表N**参照）。

1、この業務は、〇〇さんのキャパシティー（これ以上は対応できないレベル）を超えているよね

2、〇〇の施策は、一旦、アジャイル（作りながら考えるやり方で手っ取り早くやる）でやろうか？

3、今日の会議の**アジェンダ**（取り上げるべき議題）は、どうなっている？

4、○○さんの業務知識不足がチーム運営課題の**ボトルネック**（これがあるとどうにもならないような一番の問題）になってるな

5、あの**タスク**（やらなきゃいけない作業）の進捗状況はどうなった？

6、来週のミーティングなんだけど、別の会議が入ったから、**リスケ**（スケジュールが合うよう日時の変更）しておいてくれる？

7、変更点が発生したので、このマニュアルを来週までに**リバイズ**（ちゃんと使えるように改訂）してください

8、今日のミーティング、一応、**リマインド**（忘れていないか念押しの確認）しておいてくれる？

9、これは、上長に**エスカレーション**（分からないことや困ったことについて相談する）した方がいいね

10、来週の座談会だけど、参加メンバーを**アサイン**（仕事をお願いする）してくれた？

11、すごいじゃん。○○プロジェクトは、**オンスケ**（予定通り進んでいる）だね

12、○○について、他部署と**コンセンサス**（根回しした結果で得られた合意）取った？

13、この資料は、かなり分厚いから、**サマリー**（ざっくりした大まかな内容）が必要だね

14、正直言って、**タイト**（スケジュールの空きがなく、時間的余裕がない）なスケジュールだ

15、あなたがプロジェクトリーダーなんだから**ドライブ**（もっと頑張って前に進める）かけないとダメじゃない！

16、全員に**ナレッジ**（業務に関する知識）を習得させる仕組みを考えてください

17、もっと**バッファー**（心の余裕を生む時間や日数）を持っとかないと

18、そんなことしたら、スタッフと**ハレーション**（言動により仲が悪くなったり、怒らせたりして悪影響を及ぼす）起きるよね

19、○○の案件は、他部署のAさんと事前に**フィックス**（これで決まり）した？

20、今は、○○の**フェーズ**（プロジェクトなどにおける一つの段階）にあるよね

21、万一、システムダウンした時の**コンティンジェンシープラン**（緊急時でも対

応できるようにする計画）を考えておく必要があるね

22、一旦、この案件は**ペンディング**（この場で判断せず、やらずに保留する）にしよう

23、来月３日には、予定通り頑張ってサービスを**ローンチ**（新サービスの開始）しよう

24、文章で、**エビデンス**（裏付けとなる証拠）残しておいてね

25、〇〇については、やるからには、**コミット**（結果を約束する）してほしいな

26、従業員満足度の結果を経営層に**シェア**（伝えるだけではなく、理解してもらえるまで共有）した？

27、チーム運営の**スキーム**（計画された仕組み）を考えよう

28、新人スタッフのＰＣ**リテラシー**（適切に理解・活用する力）が低いよね

29、マニュアルを改訂したいけど、**リソース**（運営のために必要な人材）がないんだよなー

30、悪いんだけど、報告書をもうちょっと**ブラッシュアップ**（さらに磨きをかける）しておいてよ

太字の難しい言葉を言い換えてみよう	言い換え
全員に**ナレッジ**を習得させる仕組みを考えてみてください	業務に関する知識
もっと**バッファー**を持っとかないと	心の余裕を生む時間や日数
そんなことしたら、スタッフと**ハレーション**起きるよね	言動により仲が悪くなったり、怒らせたりして悪影響を及ぼす
○○の案件は他部署のAさんと事前に**フィックス**した?	これで決まり
今は、○○の**フェーズ**にあるよね	プロジェクトなどにおける一つの段階
一旦、この案件は**ペンディング**にしよう	この場で判断せず、やらずに保留する
万一、システムダウンした時の**コンティンジェンシープラン**を考えておく必要があるね	緊急時でも対応できるようにする計画
来月3日には、予定通り頑張ってサービスを**ローンチ**しよう	新サービスの開始
文章で、**エビデンス**残しておいてね	裏付けとなる証拠
○については、やるからには、**コミット**してほしいな	結果を約束する
従業員満足度の結果を経営層に**シェア**した?	伝えるだけではなく、理解してもらえるまで共有
チーム運営の**スキーム**を考えよう	計画された仕組み
新人スタッフのPC**リテラシー**が低いよね	適切に理解・活用する力
マニュアルを改訂したいけど、**リソース**がないんだよなー	運営のために必要な人材
悪いんだけど、報告書をもうちょっと**ブラッシュアップ**しておいてよ	さらに磨きをかける

表Ｎ　言い換え練習（出所：筆者）

太字の難しい言葉を言い換えてみよう	言い換え
この業務は、○○さんの**キャパシティー**を超えているよね	これ以上は対応できないレベル
○○の施策は、一旦、**アジャイル**でやろうか？	作りながら考えるやり方で手っ取り早くやる
今日の会議の**アジェンダ**は、どうなっている？	取り上げるべき議題
○○さんの業務知識不足がチーム運営課題の**ボトルネック**になってるな	これがあるとどうにもならないような一番の問題
あのタスクの進捗状況はどうなった？	やらなきゃいけない作業
来週のミーティングなんだけど、別の会議が入ったから、**リスケ**しておいてくれる？	スケジュールが合うよう日時の変更
変更点が発生したので、このマニュアルを来週までに**リバイズ**してください	ちゃんと使えるように改訂
今日のミーティング、一応、**リマインド**しておいてくれる？	忘れていないか念押しの確認
これは、上長に**エスカレーション**した方がいいね	分からないことや困ったことについて相談する
来週の座談会だけど、参加メンバーを**アサイン**してくれた？	仕事をお願いする
すごいじゃん。○○プロジェクトは、**オンスケ**だね	予定通りで進んでいる
○○について、他部署と**コンセンサス**取った？	根回しした結果で得られた合意
この資料は、かなり分厚いから、**サマリー**が必要だね	ざっくりした大まかな内容
正直言って、**タイト**なスケジュールだ	スケジュールの空きがなく、時間的余裕がない
あなたがプロジェクトリーダーなんだから**ドライブ**かけないとダメじゃない！	もっと頑張って前に進める

いかがでしたでしょうか。日ごろよく使っている言葉ではあるけれど、言い換えようとすると、意外と難しいことに気づきます。大切なことは、難しい言葉が出てきたら、誰でも理解できる言葉に言い直すことです。そうすることで、相手の理解が一気に促進されます。

補足する力

難しい言葉を相手に伝えなければならない場面でも、補足する力があれば、相手に理解してもらうことが可能です。口頭やメールで伝える時などビジネスシーンでいえば、次のような例を挙げることができます。

1　プレゼンテーションでの補足

状況：新製品のプレゼンテーション中に、製品の特徴を説明している場面。

元の言葉：「この新しいパソコンは非常に高性能です」

補足：「この新しいパソコンは、非常に高性能です。例えば、従来製品と比較して処理速度が30％向上しており、バッテリーの寿命も50％伸びています」。

2　お客様とのミーティングでの補足

状況：顧客にプロジェクトの進捗状況を報告している時。
元の言葉：「プロジェクトは順調に進んでいます」
補足：「プロジェクトは順調に進んでいます。具体的には、予定通りのスケジュールで主要なポイントはクリアしており、予算内で進行できています。また、クライアントからのフィードバックも好評をいただいております」

3　社内ミーティングでの補足

状況：社内会議で新しいマーケティング戦略を共有している時。
元の言葉：「新しいマーケティング戦略は、オンライン広告を中心に展開します」
補足：「新しいマーケティング戦略では、オンライン広告をメインにします。例えば、SNSで特定の年齢層や興味を持つ人々に向けた広告を出したり、Goo

gle検索で関連するキーワードを検索した人に表示される広告を使う予定です。これにより、広告を見た人たちが実際に商品を購入する可能性を高めます」

これらの例のように、具体的なデータや具体例を追加して補足説明することで、相手により明確で理解しやすい情報を提供することができます。補足する時のポイントは次の3つです。

1　具体的な例やデータを追加する

補足する際には、抽象的な表現を具体的な例やデータで裏付けることが重要です。これにより、相手により明確で説得力のある情報を提供できます。

2　相手の関心事に注目する

補足する際には、相手がどのような情報を必要としているかを考え、その視点に立って情報を提供します。相手の背景知識や関心事を考慮することが重要です。

3 簡潔かつ明確な表現を心がける

補足情報が長すぎると、せっかく補足しても、かえって分かりにくくなってしまいます。簡潔で明確な表現を心がけ、要点を絞って伝えることが大切です。

具体例でイメージさせる

抽象的なことを伝えても、それを聞いた相手は、理解するのに時間がとてもかかります。抽象的なことを述べるときは、必ず具体例を持ち出して説明すると、相手の理解が進みます。こんな感じで使います。

例題：リーダーシップとは、方向性を示し、チームメンバーを鼓舞する能力です。

具体例としては：例えば、私は前回のプロジェクトで、チームの方向性を共有し、週次のミーティングを通じてメンバーの意見を尊重しながら目標達成に向けて推進しました。このプロセスで、リーダーシップの重要性を実感しました。

例題：問題解決能力は、複雑な課題に対して創造的かつ効果的に対処する能力です。

具体例としては：前職で、顧客からのクレーム処理において特定の問題が繰り返し発生していました。私はデータ分析を行い、ルートコーズを特定した後、改善提案を実施し、クレーム件数を大幅に削減することができました。この経験で、問題解決能力の重要性と具体的な方法を学びました。

じゃんけんの説明で分かる説明力の有無

突然ですが、じゃんけんのやり方を私に教えてください。そう言われたら、あなたは、どのように答えるでしょうか。あー簡単、簡単でしょうか？　それとも難しいでしょうか？

次に読み進める前にぜひ、考えて書き出してみてください。自分ならどう教えるかです。

準備はできましたか。では、早速、チェックしましょう。実は、この問題をやってもらうと、説明力があるかないかが一発で分かるのです。まず、あなたが書き出したものを見ていただいて、次の5つをやっているかどうかをチェックしてみてください。

□ジャンケンとは何をするためのものかを説明したか？
□グー、チョキ、パーは何かを説明したか？
□図解したか？
□具体例に置き換えたか？
□アイコになったら、どうするかまで説明できたか？

さて、あなたは、いくつできたでしょうか。

5つ全部できた人……素晴らしいですね。説明力はバッチリです。
3〜4つはできた人……なかなかできるね！　今回できなかったことを

できるようになりましょう。

1～2つしかできなかった人……人に説明する方法については基礎から勉強しましょう。

……今回の解説をしっかり読んでみてください。

0だった人

解説をしましょう。「じゃんけんは、グー、チョキ、パーで……」とか、「ジャンケンぽんと言って……」とか、「ジャンケンは、勝つ人を決めるゲームで……」とか、あなたも書き始めたと思います。あなたの答えで、人への説明の仕方のレベルが分かります。

では、まず一つ目。

ジャンケンとは何をするためのものかを説明したか？

何のためにジャンケンをやるのか、これを書けなかった人は、作業の目的を言わず、ただ作業だけを伝えてしまう人です。

例えば、新人さんにパソコン操作を教える際、マウスをクリックして、画面上にあるＯＫボタンを押さなければならないとします。その際、ボタンを押さなければいけないことは伝えられても、なぜＯＫボタンを押すのかを伝えられない人なのです。

また、端的に話ができるコミュニケーションモンスターは、「ジャンケンはね、手だけを使って勝敗を決めるゲームだよ」と結論から伝えます。話す順序もコミュニケーション下手の人とは違うのです。

続いて、二つ目。

グー、チョキ、パーは何かを説明したか？

まず、「３」というキーワードが出たかどうかが問題です。ジャンケンは、グー、チョキ、パーの３種類なので、「３」というキーワードが出なかった人は、残念ながら全体像が伝えられない人です。

詳細な説明はできるけど、全体を伝えられないから、詳細を聞いても、一体どのことを説明しているかが分からなくなってしまいます。例えば、こう説明します。

ジャンケンは、3種類の指の出し方があります。グーは、5本の指を全て握ります。ぐっと拳を握るからグーと言います。チョキは、5本の指のうち人差し指と中指の2本の指を伸ばし、それ以外を全部曲げます。チョッキンと切れるハサミみたいだからチョキと言います。パーは、5本の指を全て離して広げます。パーッと手を広げるからパーと言います。そして、「ジャンケンぽん」と言って、同時にグー、チョキ、パーのいずれかの手を出して、勝敗を決めるゲームです。勝敗は……と説明します。

そして、三つ目。

図解したか？

下手でもいいのです。図解した人とそうでない人には、歴然とした差がありま す。図解できた人は素晴らしい！　図解できなかった人は、次回から図解できるようになりましょう。

図解できなかった人は、何でも文章で伝えようとする人です。自分の言葉をイラストや写真をうまく使って表現することができません。例えば、「チョキは、

『5本の指のうち人差し指と中指の2本の指を伸ばし、それ以外を全部曲げるものです」という説明でもなんとか分かりますが、図解を見せた方が一発で分かりますよね。

図解するかしないかで、ワード派か、パワーポイント派かが、分かりますが、はっきり言いましょう。コミュニケーションモンスターは図解できますが、コミュニケーション下手な人は図解が苦手です。

では、四つ目。

具体例に置き換えたか？

「グーは、チョキに勝ちます」。このような説明をした人は多いと思います。でも、それはグーがチョキより強いと知っているから言えることです。相手が誰であれ、分かりやすく伝えられなければいけません。

相手がジャンケンを分かっているという前提で考えてしまうと、その根拠を説明しなきゃという考えが出てこなくなってしまいます。具体例に置き換えられる技術は、とても大切です。難しいことを分かりやすく相手に伝えることができるからです。

では、どう説明するか——。

一般的にはパーは紙、グーは石、チョキはハサミとイメージすると分かりやすいですよね。「紙はハサミで切れるからチョキがパーより強い。石はハサミで切れないからグーがチョキより強い。石は紙で包めるからパーがチョキより強い」と教えます。

そして、最後の五つ目。

アイコになったら、どうするかまで説明できたか？

アイコになったら、どうするかまで説明できた人は、伝える際、最後まで手を抜かない人です。

「2人でジャンケンをやる時は、2人が同じ手を出したときには『あいこ（引き分け）』となります。アイコになったら、もう1回やります」。ここまで説明できるといいですね。

ちなみに、コミュニケーションモンスターは、前述の5つに加え、できたかどうかの判断基準まで説明するのです。モンスターは、できたかどうかは行動で判断します。頭で分かっていても、行動できなければ、分かったことにはなりません。

コミュニケーション下手な人は、相手に教えたことを「分かった？」と聞いて確認します。モンスターは、そんな時、相手が分かっていなくても「うん」とうなずくことを知っているので、そんな質問はしません。モンスターは、行動できるかどうかを判断しているからです。

中学生でも理解できる内容にする

話す時、いくつくらいの人が理解できる内容にして話せばよいかと問われれば、それは中学生レベルです。昔、ヤフーで働いていた時、テレビ東京の「ワールドビジネスサテライト」の取材に応じたことがあります。その際、ワールドビジネスサテライトのプロデューサーにこんな質問をしたんです。

寺下：「この番組は、ビジネスマンを対象にしているから、ビジネスマンが理解できるように番組を製作されているんですよね？」
プロデューサー：「えーと、違います」
寺下：「えっ、違うんですか？」
プロデューサー：「はい」
寺下：「では、どのくらいのレベルの人が分かるように番組を作っているんですか？」
プロデューサー：「中学生レベルです」
寺下：「！！！」

一見すると難しそうな経済番組ですが、実は、中学生でも理解できるレベルで番組は製作されていたのです。話をする時も同様で、中学生にも分かるように伝えられれば、相手に伝わります。

ストーリー（構成）の重要性

よく、人に話をする時、起承転結やＰＲＥＰ法（結論、理由、具体例、結論の順で話すやり方）、序破急などで話せと習います。起承転結は、小学生の作文なんかによく使われます。起承転結は四部構成になっていて、起は序章、承で話を展開し、転では急展開や結末に向けた話をして、結は結論になります。ビジネスシーンでは、少し使いにくい順番です。ＰＲＥＰ法は多くのビジネスシーンで、序破急は企画書作成やプレゼンテーションで効果を発揮します。ちなみに序破急というやり方は、元々は雅楽や能から来ているといわれています。どういう構成にすれば観客は楽しんでくれるかということを考えて編み出された手法です。導入（ゆっくりとしたテンポ）、中間（拍子に合わせたテンポ）、終わり（速いテンポ）という三部構成で話すやり方です。具体的には、こんな感じで使います。

テーマ：プロジェクトチームについて

序：プロジェクトの最初の段階で、現状分析や問題の明確化を行い、目標設定と計画を立てます。

破：プロジェクトが進行する中で、予想外の課題が発生したりして、当初の計画を修正する必要が出てきます。

急：プロジェクトの最終段階では、成果をまとめ、最終結果を発表し、周りから評価されました。

序破急の順番で話してもよいですし、そもそも話す順番は変えてもいいんです。結論を最初に言ってもいいし、極端な話、転結起承でもいいんです。まずは序破急や起承転結の構造をしっかりと理解して、その構成や役割が理解できたら、序を後回しにして、破から入ってもうまく伝わる方法もあるんです。

「相手には単刀直入に言った方がうまくいくから、結論から言った方がいいな」とか、「相手の性格を考えたら、説明を尽くしてから結論を言った方がいいな」とか、「理由から説明しないと納得してもらえないいな」とかあると思うので、状況や相手によって、話す順番にも正解があるのだと思います。

話す順番には成功の法則がある（PREP法）

相手に伝われば、どのような順番で話をしてもよいのですが、効果的な順番というものは存在します。特にビジネスシーンでは、話の内容がよくても、順番がよくなければ、ちゃんと最後まで聞いてもらえなかったり、理解してもらえなかったりするからです。どの順番で話せばよいか分からない人は、今からお伝えするPREP法がお薦めです。

P：Point（結論）
R：Reason（理由）
E：Example（具体例）
P：Point（結論）

ＰＲＥＰとは、英語の頭文字をとったもので、「プレップ」と呼んでいます。具体的には、結論↓理由↓具体例↓結論の順に伝える手法です。例えば、こんな感じで使います。

Ｐ：新しいシステムを導入することで、業務の効率が向上します。
Ｒ：現在のシステムは手作業が多く、ミスが発生しやすいです。この新システムは自動化を促進し、エラーを減らします。
Ｅ：他社で導入された際、作業時間が30％短縮され、ミスが50％以上減少しました。
Ｐ：従って、このシステムは私たちの業務効率向上に貢献します。

こんなことがありました。私のプレゼンテーション研修を受講したことがある男性ＫさんがＦａｃｅｂｏｏｋでつぶやいていました。

Ｋさん：昨年10月から〇〇という経済産業省主催の人材育成プログラムに一期生

として参加してきましたが、昨日、無事修了式を迎えることができました。そして、大変光栄なことに優秀賞をいただくことができました。

これを見た私は、すぐ「Kさん、おめでとうございます!!」と投稿したところ、Kさんから返信がありました。

Kさん：ありがとうございます。寺下さんのプレゼン研修のおかげです。あれからずっとPREPです。

そうなんです。PREP法は、色々なところで威力を発揮する手法なんです。この手法のポイントは、何より最後に相手に何をしてほしいかを明確に伝えることにあります。日本人は奥ゆかしいところがあり、直接そういった表現をすることが苦手です。しかし、経営層からしたら、予算が欲しいのか、承認をしてもらいたいのかなど、やってほしいことが分からないのです。理解してもらうだけでいいのか、判断をしてほしいのか、行動をしてほしいのかをしっかりと勇気を持って説明することが重要です。

感情を動かすスピーチの特徴

大事なことは、流ちょうに話すことではありません。上手に話すことではないのです。総理大臣や政治家のスピーチをテレビで見たことがあると思いますが、そのスピーチで心が揺さぶられることってあまりないですよね。それは、準備された原稿をただただ読んでいるから、そうなってしまうのです。書かれた原稿を読んだだけでは、誰の心にも届かないのです。

大事なことは、多少たどたどしくてもよいので、自分の思いを自分の言葉で相手に伝えることです。私が何よりも心がけてきたのは、うまくではなく、分かりやすく伝えることです。ここは大変重要なことだと思っています。話す技術にはうまい下手があるように感じるかもしれませんが、うまい下手は実は関係ないのです。いくらうまく伝えたとしても、相手が理解できなければ意味がないのです。自分の言葉で、分かりやすく話すことで、相手の心は動かされることになります。ちょっと、この文章を読んでみてください。

「次回の会議では、プロジェクトのアジェンダを確認し、全員のコンセンサスを得ることが重要です。また、現行のマニュアルをリバイズし、カットオーバーまでにオンタイムでのテストを完了させる必要があります。リリースに向けてスムーズな進行を確保しましょう」。

格好いい横文字が並んでいて、いかにも仕事できます！　ってアピールしているような文章です。でも、意味が分からなければ、何の意味もないのです。

直したいけど直せない口癖の直し方

口癖って、自分ではなんとなくその言葉を多く発しているなという感覚があると思いませんか？　代表的な口癖としては……。

・えーと
・あのー
・あー
・えー

などです。

これらの言葉は、間が怖くて、つい言ってしまう言葉です。この言葉を発しながら、次に言う言葉を探しています。ただ、聞く方からすると、耳障りな言葉になってしまいます。いわゆるノイズです。音楽とか聴いていても、ノイズがあると、ちょっと嫌だなって思いますよね。プレゼンテーションでも同じです。多少の口癖が出てしまうことは仕方がありませんが、人に「えーと」が多いなと思われるレベルだと、それは既にノイズになっています。私だけかもしれませんが、小学生や中学生の時、「えーと」というのが口癖になっている先生がいると、授業中、「えーと」が出る回数を数えていたこともあります。そうなってしまうと、せっかく話の内容がよいものでも聞いてもらえなくなってしまいます。ノイズとなる口癖は極力減らすようにしていきましょう。まずは、周りの人に、自分が話をする時に気になる口癖などがないか、聞いてみるとよいでしょう。

第3章

Bタイプ 言葉以外でコミュ力を高めたい

イラスト　gugu／Adobe Stock

第3章は、言葉で自分の言いたいことを伝えるのは苦手でも、資料やジェスチャーによって、伝えることならできそうという方向けのパートです。口頭だけでコミュニケーションを取ることもありますが、メールやチャットをはじめ、テキストでコミュニケーションを取ることも多くなりました。このパートでは、コミュニケーションが苦手な方が、言葉以外でどうやったら能力を高めることができるかについて説明していきたいと思います。

1 資料活用編

話が上手でも図解力がないと100%伝えられない

話がいくら上手でも図解力がないと、自分の伝えたいことを100%伝えることはできません。なぜなら、人は情報を処理する際、視覚的な要素が大きな役割を果たすからです。言葉だけでは、イメージが湧きにくかったり、理解が曖昧になりやすかったりしますが、図解があればそれを補完し、情報がより明確に伝わります。

しかし、多くの人は、図解化するのが難しいと感じています。なぜ、難しいと感じているのでしょうか。それはこういった理由です。図解化しない人は、そもそも可視化する必要なんてないと思っていたり、あんまりやり過ぎると周りからやり過ぎじゃないの？　と思われるんじゃないかと危惧したりするからです。また、実際に可視化するとしても、どうやって図解化すればよいのかが分からなかったり、効果的な見せ方についても、これまで一度も学んだことがないことが要因になっていたりします。

図解力のセンスの有無を測るクイズ

図解力があるかどうかは、この問題をやってみると分かります。

クイズ 次の要件を図解せよ。

- 服の原材料の90％は中国から仕入れ、10％は国内で仕入れている
- ベトナムで製造の100％を行っている
- 日本国内では100店舗、海外でも10カ国で販売
- オンラインストアでの通販も展開
- 顧客は20代女性が中心

まずは、勇気を持って、図にしてみてください。正解があるわけではないので、自分なりの表現で問題ないです。

図O　図解力を磨く（出所：筆者）

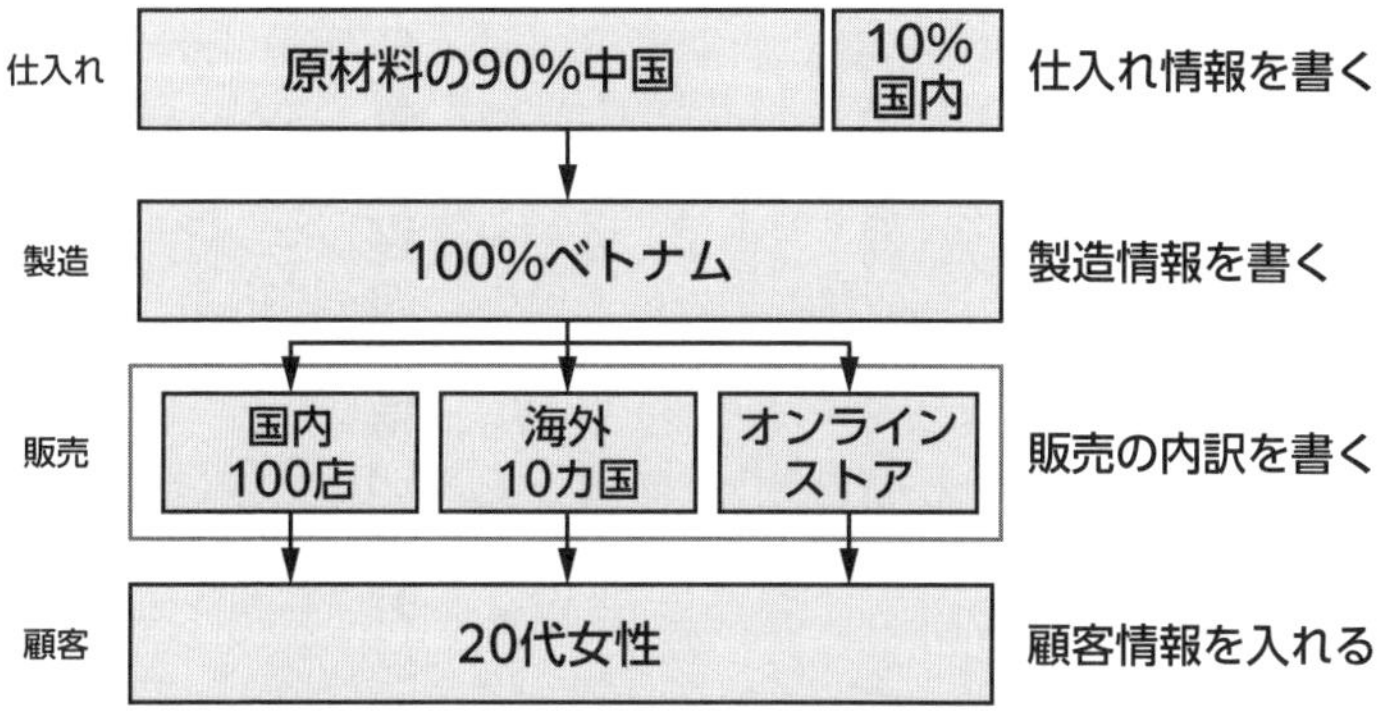

さて、図は、描けましたか。ここで、図解力がない人の特徴をお伝えすると……。

・地図を描いてしまう
・円グラフを描いてしまう
・棒グラフを描いてしまう

です。これに当てはまったからといって、心配する必要はありません。どうせ自分なんてと自分を卑下する必要もありません。これから図解力を身に付けていけばいいのですから。参考回答は、こちらです（**図O**参照）。もちろん、これはあくまでも参考回答なので、この通りでなくてもいいのです。

では、図解力がないなと思ったあなたが、図解力を身に付ける方法を伝授したいと思います。

1　社外の資料で良い部分はまねする

今は、インターネットがあるので、色々な企業の資料を閲覧できます。会社が株主向けに公開している資料〔決算資料や投資家情報（IR）など〕を見てみると、参考になります。図解力のある方は、最初から図解力があったわけではなく、上手な人から学んでいるのです。あなたも、インターネットで検索すれば、参考となる資料はすぐ手に入りますので、参考にしてみてください。まずは、ソフトバンクやグリーなど大手の会社の資料を参考に良い部分をまねてみるといいと思います。

2　下手でもいいから可視化してみる

図解したり、可視化したりすることを躊躇（ちゅうちょ）する人も多いと思います。絵心がないとか、下手だから無理でしょと思っているかもしれませんが、図解力がある人も最初から図解力があったわけではないのです。上手に描くことにフォーカスするのではなく、もし、これを図式化したり、一目で見られるようにしたりするにはどうすればいいかということを考え、図解化してみるのです。大事なことは、周りからいかに率直なフィードバックをもらえるかです。フィードバックを恐れては上達が難しくなります。他人からのフィードバックは、自分では気づけないことを教えてくれるからです。ご自身の周りで、図解したり、可視化したりすることが上手な人がいたら、積極的にその人からアドバイスをもらうようにしましょう。

3　図解に関連するビジネス書を読んでみる

私は、20代の頃、不勉強でビジネス書をほとんど読んだことがありませんでしたが、後になって、とても後悔しました。ヤフーに入社してから、色々と苦労することも出始めたので、ビジネス書を読むようになりましたが、もっと若い段階から読んでおけばよかったと思っています。今は、自分の事務所に400冊ほどビジネス書がありますが、先人の知恵はとても参考になります。今回を機に、図解力や可視化力に関連するビジネス書を本屋さんで手に取って見てみるとよいです。ただ、読むことが苦痛になっては意味がないですし、読むことがゴールではないので、いくつか手に取ってみて、これなら読めそうだと思える本をまず1冊読んでみてください。

相手に刺さる効果的なスライド

パワーポイントなどで資料を作成する際、スライドの文字数は、13文字以内がよいです。人が目を動かさずに見られる最大の文字数だからです。私が勤めていたYahoo! JAPANのニューストピックスを見てください。ニュースのタイトルの文字数ですが、2022年1月から最大15・5文字に変更しています。それまでは長らく13文字以内でした。今、15文字にしているのは、ニュースを正しく報道するためです。なので、文字数は13文字以内にするとよいでしょう。

図P　パワーポイントでのスライドの適切な配置（出所：筆者）

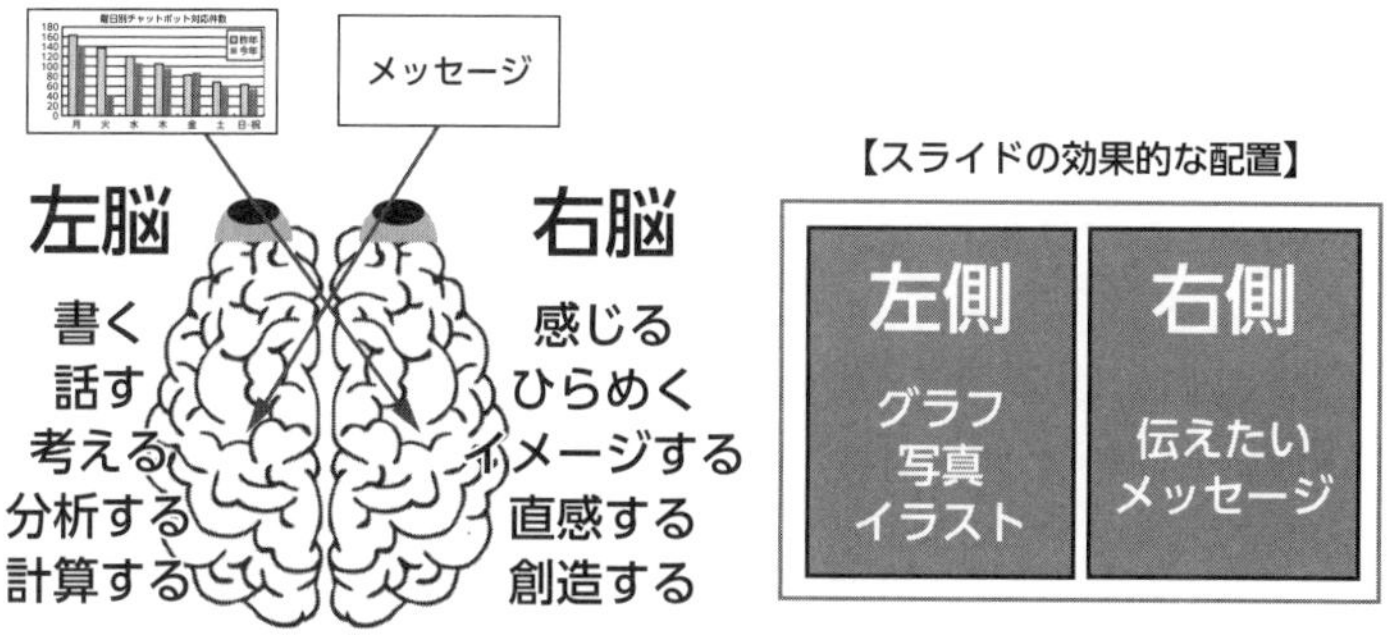

　また、資料作成の際、文字やグラフなどの配置については、実は基本的なことが決まっていますので、それを押さえておく必要があります。左目で見たものは右脳で処理され、右目で見たものは左脳で処理されています。右脳、左脳、それぞれ得意な分野が違います（**図P**参照）。

左脳は、話したり、書いたり、考えたり、計算したり、分析したりすることが得意です。一方、右脳は、感じたり、イメージしたり、ひらめいたり、直感で感じたり、創造したりすることが得意です。そのため、脳の得意分野を踏まえて、左にグラフや写真、イラストなどの画像を挿入し、右側に伝えたいテキストメッセージをシンプルに記載するようにします。

色についてもルールがあります。黒色を基本に色々な色を使って表現したりしますが、色は多すぎると目もチカチカしますので、できれば2色、多くても3色以内にした方がよいです。ちなみに、若かりし頃、私はレインボー色が好きでした。今は絶対に使わないですけどね。そして、見て違和感を感じる色を使ってはいけません。例えば、青文字で「温かいコーヒー」など、「ん？」と思ってしまう色です。色には、暖色（赤色など暖かい印象を与える色）と寒色（青色など冷たい印象を与える色）があるので、それにも気を付けましょう。そして、色のルールも事前に決めておくとよいです。私は、ポジティブ（肯定的、前向き、プラス）なメッセージは青色、ネガティブ（否定的、後ろ向き、マイナス）なメッセージは赤色にするというソフトバンクルールを使って資料を作成するようにしていましたがお勧めです。

実は、色に関しては、私は大きな失敗をしてしまったことがあります。私がヤフーの社長の資料を作成していた時のことです。ある時、社長室から呼ばれます。

秘書：「寺下さん、社長がお呼びです。社長室まですぐ来ていただいていいですか？」

寺下：「何かやっちゃいましたかね？」

秘書：「そうだと思います（笑）」

急いで社長室に向かいます。

社長：「資料ありがとうね。見たよ」

寺下：「ありがとうございます」

社長：「でさ、資料の文字の色なんだけど、あの色はどういう意味なの？」

寺下：「色ですか？　資料は、ソフトバンクのルールで、ポジティブなメッセージは青色、ネガティブなメッセージは赤色にしています」

社長：「ふ～ん、なるほど。ところで、ヤフーのコーポレートカラーは何色だっけ？」

寺下：「あっ、（やばっ）申し訳ございません」

ヤフーのコーポレートカラーは赤色です。そこでヤフーでは、ポジティブなメッセージは赤色、ネガティブなメッセージは灰色にしていたのです。社長からのまさかのフィードバックでしたが、このようにフィードバックをもらうことで、自分の課題が明確になり、次の資料を作成する際のヒントとなります。

文字よりイラスト、イラストより写真がよい理由

言いたいことを文字で伝えるより、イラストや写真で見せた方が言いたいことを短時間でより効果的に相手に理解させることができます。

そして、文字よりイラストの方が理解しやすいですし、イラストより写真の方がなおよいです。ある時、こんなことがありました。

ヤフーの社長の資料を作っていた時のことです。資料の流れと使ってほしい写真（複数の人が手を挙げており、手がクローズアップされている写真）が私の手

元に来ました。社長に質問しました。

社長：「この写真をスライド作成の時、使ってくれる？」
寺下：「かしこまりました。この写真は、どうされたんですか？」
社長：「これは買ったんだよ」
寺下：「えっ、当然、会社の経費ですよね」
社長：「違うよ。結構使い回しができるから、自分で買っているんだ」
寺下：「ちなみにおいくらぐらいで買ったんですか？」
社長：「そうだなー。確か７００円くらいだったと思う」

それまで写真は、著作権フリーの画像をｇｏｏｇｌｅなどで検索して利用していましたが、この一件があってからは、自分でも有料で買うようにしています。著作権フリーのものは、自分のイメージしているものとかけ離れたイラストや写真しかなかったりするからです。イラストや写真で言いたいことが伝えられるなら、お金を出しても惜しくないです。いい写真は、他でも使えたりしますので、

図Q　画像のNG例（出所：筆者）

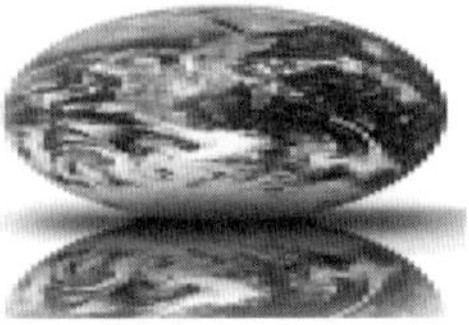

使い回しが利きます。イラストがあると、より短時間で、相手に伝えたいことを伝えることができます。イラストより写真の方がインパクトがあってなおよいです。最近は、動画もお薦めしています。

やってしまいがちな画像修正

画像で見せる場合にやってしまいがちな修正があります。それは、変なスペースができてしまうといった理由から、それを埋めるために画像を強引に縦や横に大きく引き伸ばしたりすることです。引き伸ばす際に縦横の比を変えずにやれば

図R　富士山に関係するインフォグラフィックの例（出所：筆者）

いいのですが、縦にだけ伸ばしてみたり、横にだけ伸ばしていたりするため、画像がいびつになるのです（図Q参照）。形がいびつな画像は使わないようにしましょう。画像を拡大したり縮小したりする場合は、縦横比を変えてはいけません。また画像の粗い写真も使わない方がよいです。

インフォグラフィックの使い方

インフォグラフィックとは、分かりづらいデータや情報を図やイラストで、誰にでも分かりやすく表現することをいいます。要するにごちゃごちゃしているものをシンプルかつ分かりやすく伝えるもので、伝えたいことを一目で伝えることができます（**図R**参照）。身近な例としては、施設内の案内標識や鉄道の路線図、道路標識のようなものです。

インフォグラフィックの使い方としては、ポイントが2つあります。

一つ目は、見せる相手、つまりターゲットを明確にすることです。二つ目が、たくさんの情報の中から何を選択し、何を選択しないのか、その優先順位を決めることです。そして、何より大切なのは、伝えるべき情報を明確化し、強調すべきことを強調するということです。

視覚的に人の心理を操れ

資料を作成する時、人の視覚をうまく使って表現しているのがテレビのニュースやワイドショー番組です。**図S**のグラフ1のようにほぼ同じ数値に見えても、最小値の目盛りを変えることで、グラフに差があるように見えます。これを差の

図Ｓ　相手の視覚をうまく利用する（出所：筆者）

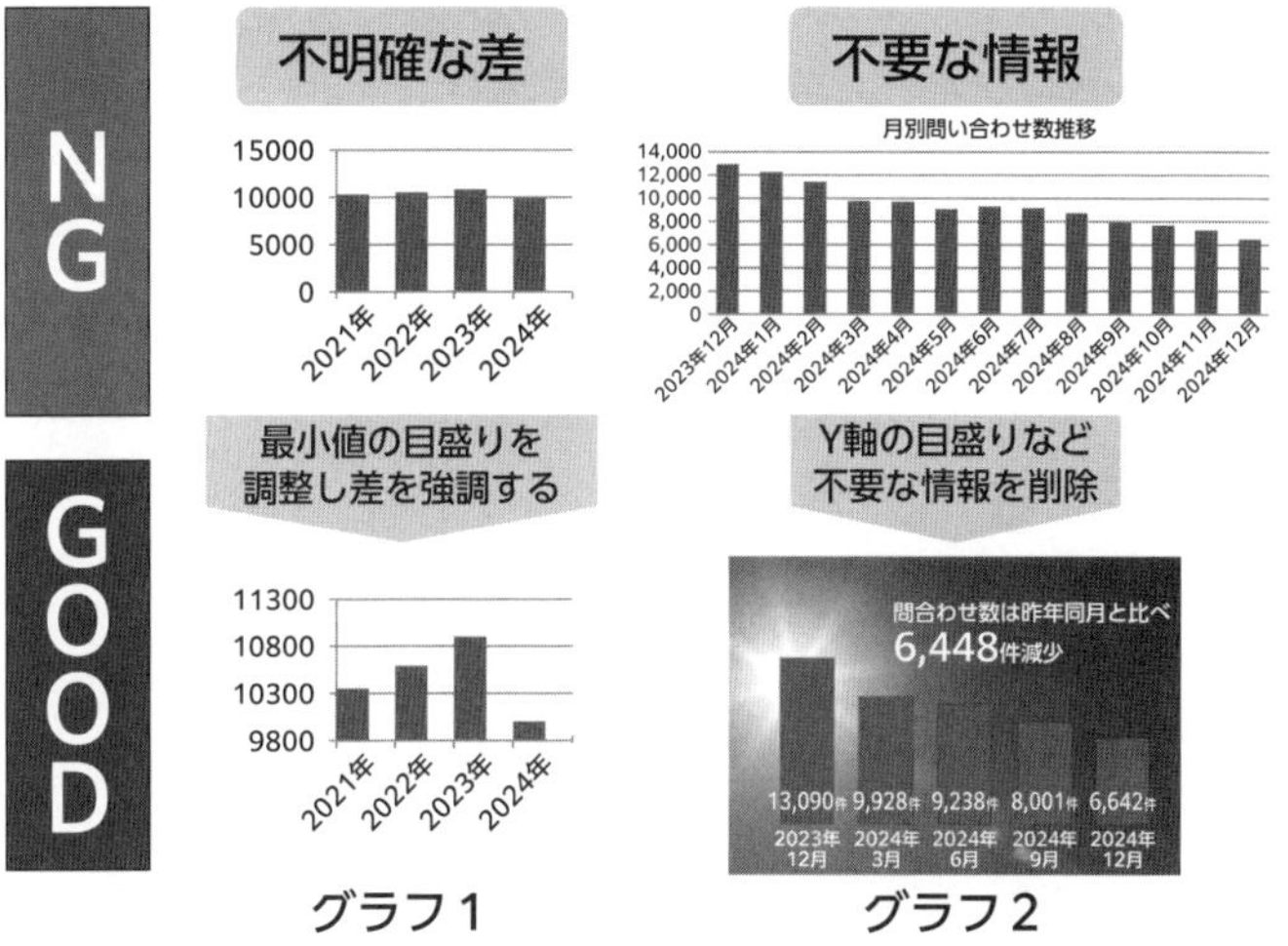

強調と言います。差の強調を使うことで、一見、同じように見えるグラフも差が明らかになるように見せることができます。

そして、グラフを報告書や企画書などに掲載する時、データをそのまま載せてしまう人がいますが、好ましくありません。不要な情報が多いからです。情報量が多いと、見る側は限られた時間で消化することができません。そのため、**図S**のグラフ２の通り、Ｙ軸の目盛りを削除したり、月別データの一部を間引きしたりして、主張したいことをシンプルに伝える工夫が必要です。

ポイントは3つにまとめる

人に話をする時、伝えるべきポイントがある場合は、できるだけ絞って伝えるとよいです。1つであれば、効果的かつ印象的に伝えることが可能です。しかし、3つにまとめて言うのも効果的です。日本人は3つにまとまっているものが大好きです。実際、3つで成り立っているものは、世の中にたくさんあります。どんなものがありますか？　少し考えてみてください。

例

「松竹梅」「金銀銅」「甲乙丙」「優良可」「大中小」「上中下」「SML」「3サイズ（バスト、ウエスト、ヒップ）」「短距離、中距離、長距離」「三冠王（首位打者、最多本塁打、最多打点）」「朝昼晩」「過去、現在、未来」「衣食住」「市町村」「小中高」「食う、寝る、遊ぶ」

「TPO」「安近短」「3K（きつい、汚い、危険）」「じゃんけん（グー、チョキ、パー）」

「和洋中」「世界三大珍味（キャビア、トリュフ、フォアグラ）」「甘口、中辛、辛口」「大盛り、普通、少なめ」「三大栄養素（たんぱく質、炭水化物、脂質）」「三大疾病（がん、急性心筋梗塞、脳卒中）」

「日本三大祭り（祇園祭、天神祭、神田祭）」「日本三名園（偕楽園、後楽園、兼六園）」「日本三景（天橋立、松島、宮島）」「日本三大花火大会（大曲、長岡、土浦）」

「三権分立（司法、立法、行政）」「労働三法（労働基準法、労働組合法、労働関係調整法）」「非核三原則」「三国同盟」「三国志」

「サイン、コサイン、タンジェント」「光の三原色（赤、緑、青）」「青黄赤（信号）」

「御三家」「三役」「ビッグスリー」「三種の神器」「三本の矢」「三段論法」「陸海空」「天地人」「心技体」「ホップ、ステップ、ジャンプ」「三猿（見ざる、言わざる、聞かざる）」

など多数

どうですか、結構いっぱいありますよね。他にも探してみてください。

元々は、3つにまとめるという考え方は「鼎（かなえ）」という土器に由来しているといわれています。この鼎という土器は、3本の足で立っています。足は3つあれば、椅子として成り立ちます。つまり、3は最小の安定した数字なのです。日本人には、3つでまとまっていると、印象に残りやすいので、できるだけポイントは3つに絞って伝えるとよいです。

全体と詳細はワンセット

資料を作成する時に注意すべきことがあります。それは、全体像が分かるように作るということです。特にページ数が多くなると、読んでいて、現在どこのことを言っているのかが分からなくなることがあります。資料というものは、木を見て森を見ずになってはいけません。資料を作る側はどこについて話をしているか当然分かっていますが、資料を見る側は、どこのことを言っているのかが分からないと、迷子になってしまいます。まずは、全体像がどうなっているのかを示してから詳細を描く必要があります。なので、資料作成の際は、全体像のページと詳細のページの最初にテーマを書いておけば、忘れずに済みます。

資料作成スキル向上の最大のコツは上手な人からのフィードバック

資料作成スキルは、誰でも向上させたいと思っています。ビジネス書を読んだりセミナーなどを受講したりして勉強してもスキルは向上しますが、実際に作ってみないと、できているのか、できていないのかが分かりません。その際に一番勉強になるのが、ご自身の周りで資料作成がとても上手な人からアドバイスをもらうことです。私も、ヤフー時代、資料作成がまだそれほど上手ではなかった頃、上席である本部長から作成物についてアドバイスをもらっていました。また、これは読んでおいた方がよいというビジネス書も何冊か紹介してもらい、勉強しました。まず、作成してみたら、恥ずかしいかもしれませんが、周りの人に見てもらい、アドバイスをもらってみることをお勧めします。

最後のチェック

最後のチェックを怠ってはいけません。誤字脱字には気をつけましょう。誤字脱字があると、資料の信頼度が落ちるだけではなく、それを見つけた人は、他にもミスがあるのではないかとあらを探すようになります。そうなると最悪です。自分の伝えたいことはあまり聞いてもらえなくなるからです。数字についても同様です。数字の間違いをしてしまうと、資料の信頼度が著しく低下してしまいます。昔、こんなことがありました。

ある会議で、マネジャーAさんが上司や他のマネジャーに対して、配布した報告書を見ながら、売り上げの報告をしていました。

すると、部長が「ここの部分、数字間違っているんじゃないの？」と指摘し、会議が一旦止まりました。

焦ったAさんは、口頭で「申し訳ございません。この数字は間違っておりましたので、訂正させていただきます」と言いましたが、部長が「間違った数字を基に報告を受けても意味がない。この会議は、ここで終了だ」と言って、会議は突然終了になってしまいました。Aさんの顔は顔面蒼白《そうはく》でした。とても重要な会議だったにもかかわらず、自分のミスで終了にしてしまったからです。数字のチェックをしていないと、資料の信頼性を損なってしまいます。

また、資料作成の際、ストーリー立てて話せるかなと不安になる方も多いと思います。ちゃんとストーリーになっているかは、例えば、パワーポイントの各スライドが出来上がったら、スライドのタイトルだけを順に並べ、それだけを見て、話が通じるかどうかを見てみることです。それで、話が通じなければ、ストーリー立てて考えられていないと判断してよいです。

2 ジェスチャー編

今までは、言葉以外でのコミュニケーションということで、資料作成についてお話ししましたが、今回は、ジェスチャーで伝えたいことを伝えるのが苦手な人向けのパートに入っていきたいと思います。ジェスチャーは、手の動きや体の動きなどを通じて、情報を発信する人が伝えたいことを補足したり、話を強調したりするための方法です。どんな効果的な方法を使って、このスキルを身に付けていくかについて、説明していきます。

オープニングの演出が成否を分ける

例えば、企業で実施される研修や学校の授業では、最初のつかみはとても大事です。お笑い芸人のダチョウ倶楽部ではありませんが、「つかみはＯＫ」でないといけないのです。なぜなら、研修や授業の冒頭は、受講者側は緊張しているからです。特に研修などでいえば、この人の話を信頼して聞いて大丈夫かな？　とか、聞く価値がある研修なのか？　とか、最初は疑いを持って話を聞いているので、まず、最初に心をつかむことは大切なのです。なので、よく研修では、アイスブレイクというものを冒頭でやったりします。アイスブレイクというのは、直訳すると、氷を溶かすということです。つまり、受講する側は、緊張感があるため、その緊張感をなくすという意味があります。ただ、アイスブレイクは、あっと言わせるものだったり、手をたたいてなるほど！　と思わせるものだったりしないといけません。

面談の時なども、会話の冒頭は、いきなり本題から入ってはいけません。最近のニュースや今日の天気など、本題とは関係ない話をして、緊張感を和らげます。「先日、残業に協力していただき、ありがとうございます」「報告書大変でしたね。お疲れさまでした」「いつも、ありがとうございます」などの労《ねぎら》いの言葉からスタートできると相手の緊張感も解け、話がしやすくなります。

プレゼンテーション中のボディーランゲージ

プレゼンテーションをする場合、棒のようにただ突っ立って話していてはいけません。手や体を使って、表現します。では、なぜボディーランゲージが必要なのでしょうか?

ボディーランゲージとは、相手とコミュニケーションを取るために使う言葉以外のサインのことを意味します。これには、声のトーン、アイコンタクト、姿勢などの要素が含まれます。

例えば、あなたが他の人と話している時、タイミングよく軽くうなずくと、あなたが話を聞いていることを相手に伝えることができます。また、姿勢を正すことで、相手の話に興味があることが伝わります。

逆に、腕を組んだり、うつむくような言葉以外のサインは、防御的であると受け取られたり、会話に興味がないというサインに受け取られたりすることがあります。

ボディーランゲージが重要な理由

ボディーランゲージは、職場で人々があなたをどのように認識するかに影響を与える、言葉以外のサインの一つです。ボディーランゲージは、あなたが伝えたいメッセージを強調するのに役立ちます。しかし、あなたが伝えている言葉以外のサインが言語的なメッセージと一致しない場合、ボディーランゲージは伝えたかったことと逆の印象を与えてしまう場合があります。

同僚や上司とコミュニケーションを取る際に、使うボディーランゲージを意識し、あなたのメッセージを効果的に伝えることで、矛盾するボディーランゲージによってメッセージが混同されたり、意図していない潜在的なメッセージが伝わったりする可能性を回避できるでしょう。

ボディーランゲージを上手に使う方法を学ぶことで、次のことが可能になります。

・チーム内でよりよいコミュニケーションが取れる
・相手がどのような気持ちであなたと話しているのかを理解できる
・顧客や取引先に、よりポジティブなインパクトを与えられる
・組織内でプロフェッショナルなイメージを与えられる

ボディーランゲージの改善方法

ここでは、ボディーランゲージができていない人が、どうすればうまくできるようになるかを考えたいと思います。

1　自分に関心を持つ

ボディーランゲージを上達させるための最初のステップの一つは、自分に関心を持つことです。人と話したり、特定の話題について話し合ったりしている時、自分の言葉以外の行動に注意してみてください。自分に関心を持つことで、どの行動に気を付けるべきか、どれを一番重点的に練習する必要があるかが分かるようになります。

2　腕組みをしない

相手を拒絶する姿勢なので、腕を組むのはやめましょう。座っているか立っているかにもよりますが、手は膝の上で握っておくか、体の横に自然と下ろしておくとよいでしょう。また、後ろ手を組むと、自信のある印象を与えます。ただし、プレゼンテーションをする時は、前や後ろで手を組まない方がよいです。足を組むのも話を聞く時に望ましい姿勢とは言えません。

3　スマイル

基本的には、会話の間も、笑顔を絶やさないようにしましょう。無表情だと不機嫌な印象や威圧的な印象を与えてしまうこともあるので、会話中は顔の表情に気をつけることが大事です。口角（口の両脇）を少し上げるだけで、穏やかで柔らかい表情になります。スマイルは、特に男性は苦手なので、面白い動画を見て笑っている時の表情を思い出していただき、実践してほしいです。

4　アイコンタクトを取る

相手と目を合わせて話すことは大切ですが、目をじっと見つめないようにしてください。適度なアイコンタクトを保つための簡単なコツは、相手の目を3秒程度見た後、目をそらすことです。この方法ならば、お互いにとって自然で心地よい長さで、適切なアイコンタクトを取ることができます。しかし、重要なことを話す時は、必ず目を見るようにしてみてください。目を見るのが緊張してしまう場合は、まつ毛を見るようにしてみてください。

5　身ぶり手ぶりを使う

ほとんどの人は、日常会話をする時に身ぶり手ぶりを交えます。仕事の場でも、特定の単語やフレーズを自然に強調するため、身ぶり手ぶりを使うとよいでしょう。

会話やスピーチ、プレゼンなどの時に「手」を使うジェスチャーをすると、聞き手に物の大きさや量、形などを視覚的に理解させたり、聞き手の頭に具体的にイメージさせたりすることができます。なお、手でジェスチャーをする場合は、胸よりも上の位置で、大きくゆっくり動かすのがコツです。例えば……。

・「ポイントは3つあります！」……3本指を立てます
・「こんなに大きい箱が届いて」……手を大きく広げます
・「あなたは、どう思われますか？」……手を広げて差し出します
・「見たことのない分厚い提案書」……親指と人差し指で分厚さを表現します
・「頭が痛くなるような問題でした」……手を頭に当てます
・「その瞬間『ドキッ』としました」……手を胸に当てます

このように手や体を使って表現すると、聴き手が短時間で具体的なイメージを持つことができます。

6　時々うなずく

うなずくことは、相手の話を聞いていること、興味を持っていることを示すのによい方法です。これは、相手に話を続けるように促す言葉以外のサインであ

り、相手のメッセージに同意している、あるいは興味を持っていることを伝え、相手の自信を高めるのに役立ちます。

7　貧乏ゆすりをしない

自分の動作を意識して、リラックスするように努めましょう。ただし、貧乏ゆすりやペン回しなどはNG。このような行動をしっかりと自己認識することで、これらを防ぐことができます。

8　話し相手の斜め前に座る

会話をしている時は、相手の斜め前に座るとリラックスして話すことができます。正面でもいいですが、対決姿勢になってしまうので、あまりお勧めしません。

9　適切な距離を保つ

パーソナルスペースに注意しましょう。パーソナルスペースとは、これ以上他人に近づかれると、不快に感じてしまう空間のことを指します。相手との関係により距離は異なりますが、ビジネスで例えれば、相手との会話はできるが、お互いの手が届かないくらいの距離を保つようにするとよいでしょう。目安としては、120cm以上空けましょう。

10　他人のボディーランゲージを研究する

最後に、他の人が使っているボディーランゲージ、特にあなたが尊敬している上司や先輩のボディーランゲージを研究してみましょう。その人の身のこなし、声のトーン、動きの癖などに注意して、気が付いた言葉以外の行動を自分でもまねして練習してみましょう。

以上のようにボディーランゲージにも色々あるので、これはできそうだなと思うものを取り入れてみてくださいね。

図T　ジェスチャーの例（出所：筆者）

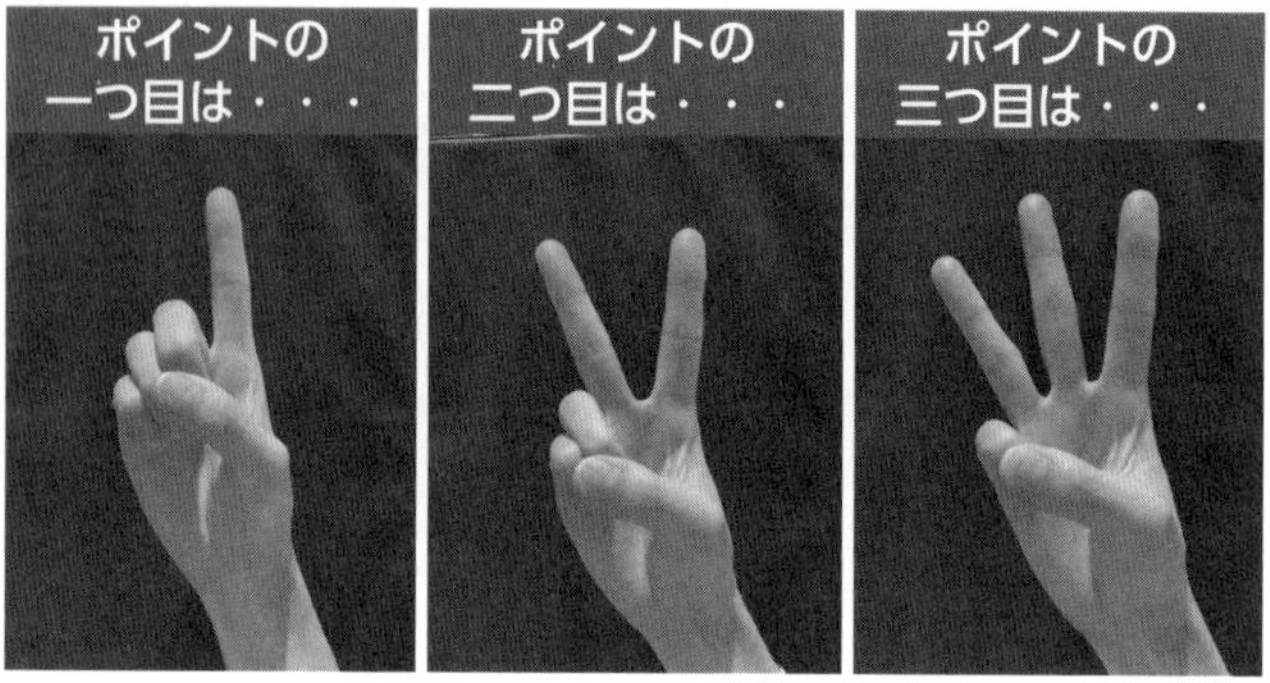

やってはいけないボディーランゲージ

ボディーランゲージは、コミュニケーションを高める効果的な方法の一つですが、やってはいけないボディーランゲージというものも存在します。一つ目は、途中でやめてはいけないボディーランゲージです。具体的には、こういうことです。

「ポイントが3つあります！」と説明する時に、手の指を使って、表現するのはよいことですが、ポイントの一つ目は手を使って表現したのに、二つ目になると、やめてしまう人もいるのです。忘れてしまうのでしょうね。でも、それだと最初からやらない方がよかったということになってしまいます。

できる人は、「ポイントが3つあります！」と3本の指を出して説明するだけでなく、「ポイントの一つ目は……」というところでも1本の指を出して表現します。そして、最後の三つ目のポイントまで忘れずにジェスチャー付きで表現します（**図T**参照）。

緊張しても重要な内容はアイコンタクトで訴える

人と話す時、誰でも緊張しますよね。ずっと相手の目を見続けるのは難しいことですし、相手もずっと見つめ続けられると目のやり場に困ってしまいます。

私は、どんなに緊張していても、やっていることがあります。それは、目を見て、話すことです。アイコンタクトが30％以下だと、

・自信がない
・好感を持てない
・気が弱い
・信頼ができない
・恥ずかしがっている

と相手は思ってしまうからです。

でも、目を見るのが一番苦手という人が多いので、もう1つアドバイスです。以前は、相手の眉毛を見るようにアドバイスしていたのですが、ある時、「寺下さんのアドバイス通り、眉毛を見るようにして話をしたら、緊張は少し緩和されたんですが、相手から、何か目の上についてます？　とよく聞かれるようになりました」と報告がありました。なので、今は、まつ毛を見るようにして話をするとよいですよとアドバイスしていますが、それ以降は、苦情は出ていませんし、本人の緊張もほぐれているようなので、お勧めです。

表情で一歩リードする

コロナ禍が明けて、マスクをする人はかなり減りましたが、それでもなお、マスクをして仕事をしている人はたくさんいます。人混みや病院などでは、多くの方が今もなお、マスクをしているわけです。マスクを着用していたとしても、プレゼンテーションの際は笑顔でやることです。えっ、マスクをしているから笑顔かどうか分からないんじゃないかと思われるかもしれませんが、そんなことはありません。マスクをしていても、笑顔かどうかは分かるんです。どうやって分かるのか、それは目を見れば分かります。目が笑っているかどうかで、マスクをしていても分かるのです。目は口ほどに物をいうって言うでしょ。

メモを持たない

人と話す時やプレゼンテーションの時、メモを持ってはいけません。メモがないと頭が真っ白になってしまうという方もいると思います。メモはお守り代わりと言いながら、そのメモをそのまま読んでしまうからです。

作成したメモを読むのは、国会で答弁する大臣だけで十分です。官僚が作成した文章を一言一句間違わずに話す、それはそれで一つのプレゼンテーションのあり方かもしれませんが、私はお勧めしません。なぜなら、メモ通り読まれた文章に人の心が動くことはほとんどないからです。ほとんどというのは、結婚式や卒業式のスピーチは別だからです。ある種の感動を与えるようなスピーチは、メモ通り読んでも感動するかもしれませんが、メモを棒読みするようなプレゼンは、感動を与えるプレゼンにはなりません。仕事上でやむを得ず行っているわけです。人前で話す際、どうしてもメモを持って、話をしたい場合ってありますよね。言うことを忘れてしまう危険性があるからです。そういった時のために、1つコツを伝授したいと思います。文章ではなく、キーワードだけを書いておくのです。これだけは絶対に言わなければならないというキーワードを抜き書きし、メモにしておけばよいのです。

相手の目線に立つ

相手の目線に立って話すことはとても大事です。それは、相手の立場に立って物事を考え、話すことです。その場合、思い込みや先入観があると相手の目線に正しく立つことができません。

『ウサギとカメ』のおとぎ話って、一度は聞いたことがあると思います。そこで早速、あなたに質問です。

質問：『ウサギとカメ』の話は知っていると思いますが、あの話はどちらが主人

公なのでしょうか？　ウサギですか？　カメですか？

この質問をすると、９割くらいの人がカメが主人公だと言います。正解は、ウサギもカメもどちらも主人公です。カメだと思った人が間違いでもなく、ウサギだと思った人も間違いではないのです。

ただ、カメが主人公だと思い込んでいる方が、日本人は圧倒的に多いと思います。それは、日本人が昔から努力することや頑張ることを美徳にしてきたことと、判官《はんがん》びいきといって、弱者に対してひいき目で見てしまうところがあるからです。

何を言いたいかと言えば、人は、つい思い込みや先入観にとらわれてしまうということです。思い込みや先入観を持つと、正しく物事を見ることはできなくなるのです。

せっかくなので、もう1問。思い込みや先入観があるかないかクイズをやってみたいと思います。

質問：高層ビルの12階建の屋上から地面にコップを落としました。さぁ、そのコップはどうなるでしょうか？

いかがでしょうか。ここでコップが割れるとイメージしてしまった人は、思い込みや先入観を持ってしまいがちな人です。つまり、コップがガラスだと思っているからです。コップでもプラスチックのコップもあれば、紙のコップもあるので、必ずしも割れるとは言えないのです。

話す基本

話すといっても、話し方は色々と工夫をしないと相手に伝わりません。ゆっくりと話すというのは、どれくらいのスピードかといえば、ＮＨＫのラジオのアナウンサーのスピードが参考になります。民放ではなくＮＨＫ、テレビではなくラジオのアナウンサーのスピードが一番よいです。早口の人は、早口を直す必要があるわけですが、その前になぜ早口になってしまうのか、その原因を考えておく必要があります。早口になる原因は3つあります。一つ目は、自分が早口だと思っていないからです。

では、あなたが早口かどうかチェックしてみましょう。次の原稿をストップウォッチで測りながら、いつもの自分のペースで読んでみてください。

「8時のニュースです。今日は、東北から九州にかけての各地で、35度以上の猛烈な暑さが予想されている他、特に関東の内陸部や東海では、40度に迫るような危険な暑さが予想されています。関東から沖縄にかけての26の都と県に、熱中症警戒アラートが発表されていて室内でも我慢せずにエアコンを使用するなど、熱中症の対策を徹底してください。

気象庁によりますと、昨日は、東京都港区で37・8度、京都市で37・2度、さいたま市で35・2度など各地で猛暑日となりました」。

何秒で話せたでしょうか。53秒より早ければ、あなたは早口です。53秒より時間がかかっている場合は、ゆっくりと話ができている証拠です。焦りは禁物です。

早口になる原因の二つ目は、口の開きが小さいことです。早口の人は、口の開きが小さいため、早口になってしまいます。従って、口を大きく開ける必要があります。まずは、「あ」の音は、人差し指、中指、薬指を縦3本にした大きさだと体感してください。えっ、こんなに口を開けないといけないの？　と思うくらい大きく開けるのです。

そして、最後、早口となる原因の三つ目は、早く話を終わらせたいと思っているからです。緊張や恥ずかしさから、この場を早く切り抜けたいと思っていると、早口になっていきます。事前に話す内容を練習したりするとよいでしょう。コミュニケーションモンスターも緊張しますが、切り抜け方が上手で、笑顔で「私、実は今、とても緊張しているんです」と自ら告白してから話をスタートしたりしています。

1　緩急を付ける

基本的には、ゆっくり話すのですが、単調に話してしまっては、聞いている人の関心を引きつけることはできませんし、効果的に伝えることもできません。話すペースを変則的に変えることで、聞いている人の注意を引くことができるのです。同じトーン、同じリズムで話していると、聞いている方は、退屈しやすくなります。場合によっては、寝てしまう人もいるくらいです。特に重要なワードや内容については、ゆっくりと話すとよいでしょう。

2 強弱を付ける

話をする時、強弱を付けるとよいです。伝えるべき重要なポイントについては、声を大きくして強調し、相手に印象付けます（**図U**参照）。特に、第一声は大きな声でスタートするとよいです。途中、強調したい部分があれば、大きな声にすると、小さな声や無言で聴いている人の関心を引くこともできます。

1つ練習問題をやってみたいと思います。あなたが次の文章を話す場合、どこを強調すればよいと思いますか？

「弊社のオンラインストアは、初期費用、毎月の固定費、売り上げロイヤル

図U　声に強弱を付ける（出所：筆者）

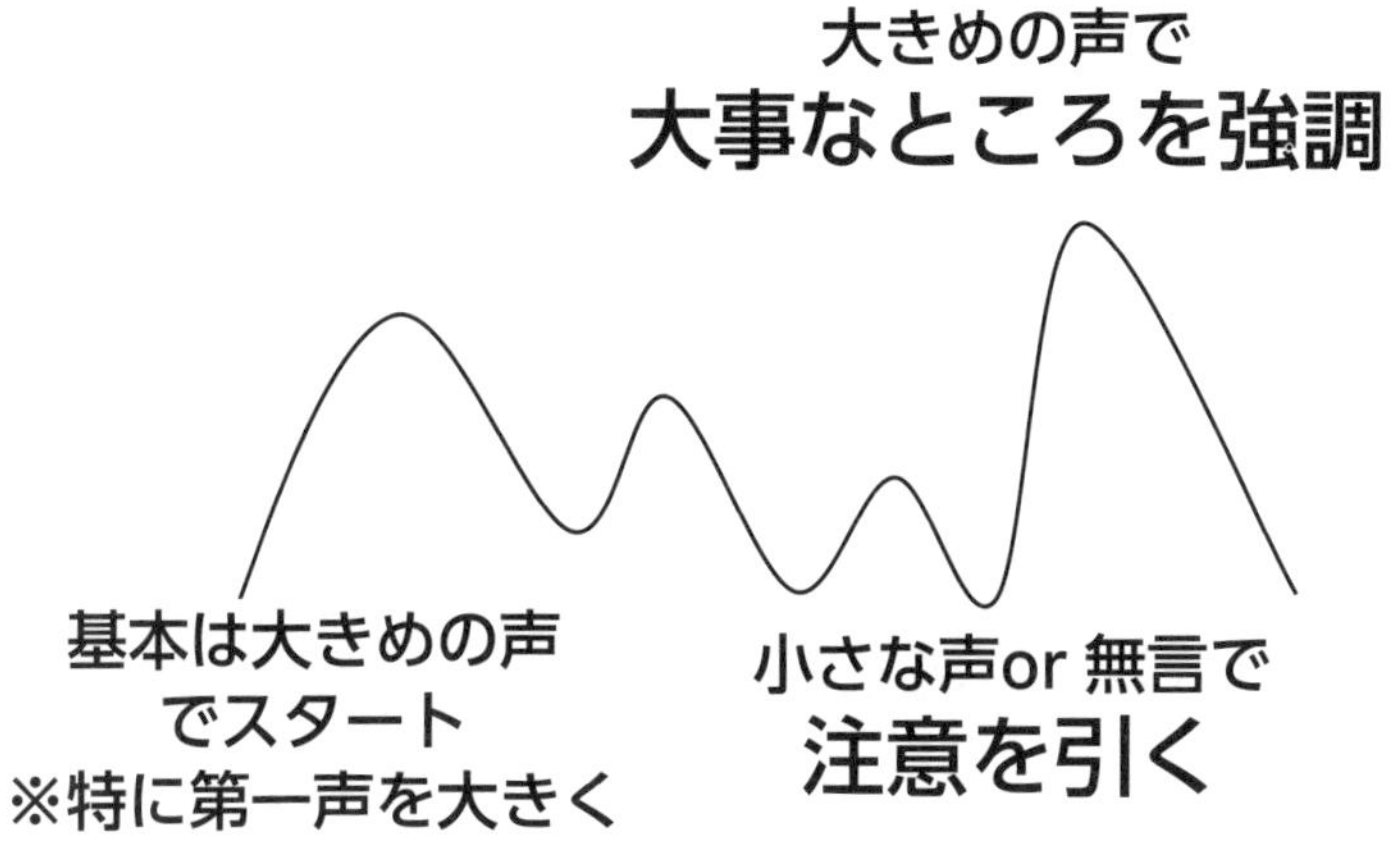

ティーが無料のため、加盟するストア数も大幅に増え、今や商品数も２０００万点以上になります。お客様の満足度を高めるには、他社より安い価格であるというだけではなく、もう1つの大事な要素が必要です。そう、それは、圧倒的な集客力です」。

いかがでしたでしょうか？　解答例として、強調すべき部分を太字にしてみました。

「弊社のオンラインストアは、初期費用、毎月の固定費、売り上げロイヤルティーが無料のため、加盟するストア数も大幅に増え、今や商品数も**2000万点以上（高めの大きな声で）**になります。お客様の満足度を高めるには、他社より安い価格であるというだけではなく、**もう1つの大事な要素（高めの大きな声で）**が必要です。そう、それは、**圧倒的な集客力です（高めの大きな声で）**」。

図V　視線の動き（出所：筆者）

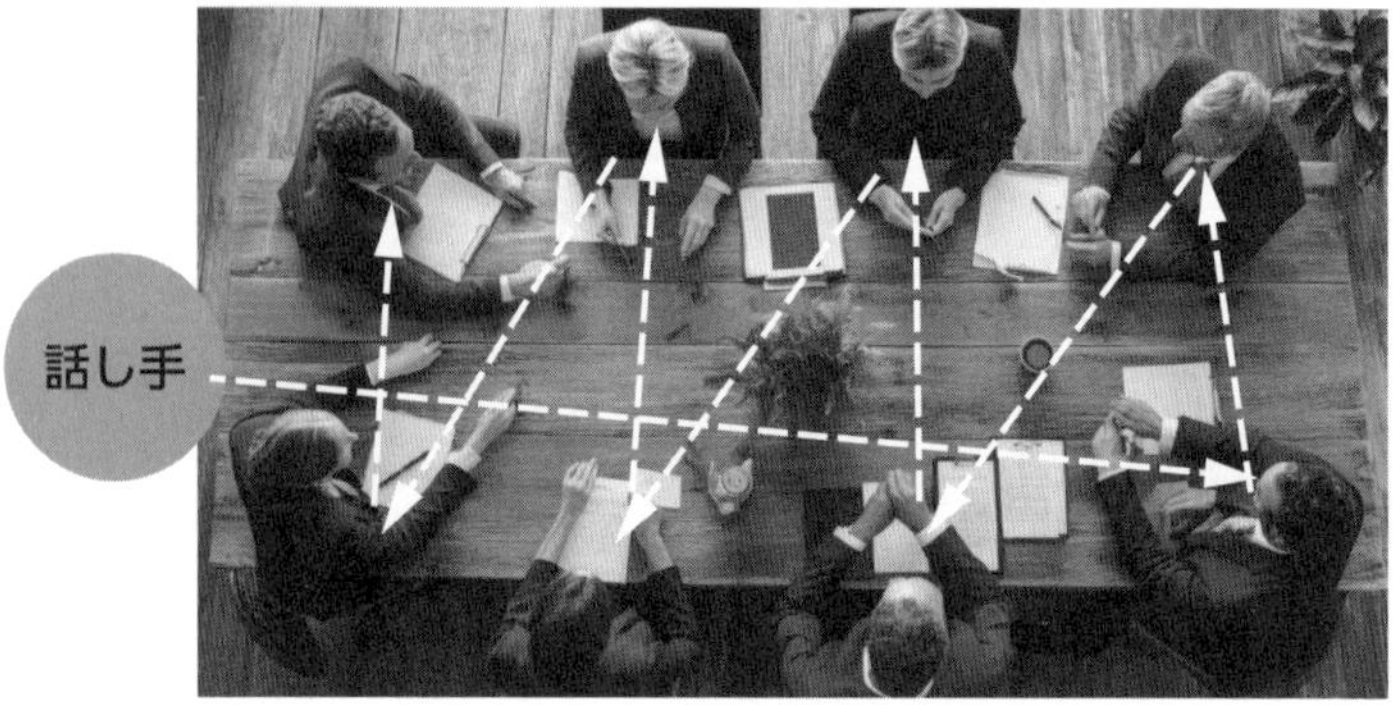

ジグザグに目を移動させる

会議ではジグザグの視線

会議で話をする時、目線はどのように動かしているでしょうか。恥ずかしいからといって、人の目を見ることなく、話していないでしょうか。例えば、会議では、ジグザグに視線を動かしていくとよいです（**図V**参照）。具体的には、自分から一番離れている人から順番にジグザグに視線を動かしていきます。そうすることで、会議に参加している人は、参画意識を持つことができます。また、全体を見ることで参加者の反応も観察することが可能です。

第4章

Cタイプ
プレゼン力を高めたい

イラスト　gugu／Adobe Stock

第4章は、プレゼン力を高めたい人向けのパートです。人前で話すのはなんだか苦手だなと思っている人もたくさんいます。あまりに緊張してしまい、言いたいことを言えずにプレゼン時間が終わり、後悔してしまう日々を過ごしている方もいると思います。では、どうやってプレゼン力を高めていけばよいのかを、この章では説明していきたいと思います。

興味を引くオープニング

話の最初の時点で相手の興味を引くことができればしめたものです。多くの人は、興味を引くことなく、話をスタートしてしまうケースが多いからです。相手の興味を引ければ、聞いている人は、話の内容を理解しようとしてくれます。ここでは、興味の引き方のコツをいくつか紹介したいと思います。

1　インパクトのある数値

インパクトのある数値を出し、「この数値は何の数値だと思いますか？」と冒頭で質問すると、相手は興味を持って話を聞いてくれます。その数値が意外な数値だと余計に興味を持ってもらえます。

例えば、「1％、これは何の数値だと思いますか？　実は、問題解決スキルを持っている人の割合なんです」といった感じです。最初に数字が出てくると、「え？　何の数字だろう？」と人は思って、興味深く聞いてくれるのです。

2　不安を煽（あお）る事実

冒頭で、相手が抱える問題を強調するデータや事実を示し、その解決策がプレゼンの中で提示されることを期待させると、これまた興味を持って話を聞いてくれることになります。例えば、「最近の調査によると、70歳以上で農業に従事する人が70％以上を占めるため、あと10年もすると、農業をやめる人が続出します」といったような提示の仕方です。

3　ストーリーを語る

例えば、自己紹介などをする際、ストーリーで語るとよいです。特に相手が共感できる内容であったり、おっと思わせる内容だったりすると興味を持って聞いてくれます。時系列順に話をしたり、1つのエピソードを中心に話をしてみるとよいです。

4　著名人の名言

著名人の名言を紹介し、相手に考えさせます。例えば、経営学者のピーター・ドラッカーはこう言っています。「人が何かを成し遂げるのは、強みによってのみである。弱みはいくら強化しても平凡になることさえ疑わしい。強みに集中し、卓越した成果をあげよ」。

5　インパクトのある写真

インパクトのある写真を見せ、「この写真から何が想像できますか?」などと、相手に考えさせることで、興味を持ってもらうことができます。インパクトのある写真を準備しておくとよいです。著作権フリーの写真を使えばよいですが、イメージに合うものがなければ、有料で買いましょう。

以上、いくつか紹介しましたが、オープニングで興味を引くことができれば、話を聞いてもらえる確率が高くなります。

自分のペースを一気につかむ方法

どうやって自分の伝えたいことを伝えるかに主眼が置かれがちですが、実はスムーズに伝えるには、周りをいかに洞察して、巻き込んでいくかが重要です。まず自分のペースをつかめば、話しやすくなりますが、自分のペースにいち早く持っていくにはどうすればよいでしょうか。

それには、実はコツがあります。会議など、複数の人がいる場面で話す場合、うなずいてくれる人って1人は必ずいますよね。その人を見ながら話すとよいです。うなずいてくれる人がいると、話をしていても安心しますし、伝わっているんだなという確認もできます。

そして、二つ目のコツは、最初の第一声だけ大きな声でスタートするのです。多くの人は、緊張でなかなか声が出てこなかったりします。気づかないうちに小さな声になってしまうのです。なので、第一声を大きな声でスタートすると、変な緊張感も取れますし、あっなんだ、これくらいで話をしても大丈夫なんだと思えるのです。また、最初に大きな声でスタートすると、その後も小さな声にならずに済みます。

双方向のコミュニケーションを取り入れる

コミュニケーションは、一方的に話すよりも、双方向でやり取りした方が参加者全員が積極的に関わることができます。では、どうすれば双方向にすることができるでしょうか。

1　積極的な質問の活用

「この点について、あなたはどう思いますか？」「この点についてのご意見はありますか？」など、相手に考えや意見を促す質問を投げかけ、答えてもらうと一方通行ではなく、双方向のやりとりになります。

2　途中で確認する

話の途中や重要なポイントで「ここまで大丈夫ですか？」「ここまでで質問などありますか？」などの確認を行い、相手の理解や意見を求めます。

3　アンケートを取る

聞いている人に対して、簡単なアンケートを行い、手を挙げてもらって答えてもらいます。答えることで、参画意識が芽生え、自分ごとのように考えてくれます。

4　間を取る

話の途中で一息入れる瞬間をつくることで、相手が発言しやすい空気をつくります。プレゼンの冒頭で、しばらく無言にしていると、ザワザワしていた参加者が静かになり、プレゼンターに注目するようになります。

5　おうむ返しをする

相手の発言内容の中で気になるワードが出てきたら、その言葉を復唱します。おうむ返しをすることで、理解を深めるとともに、相手に話が伝わっていると同時に感じてもらうことができます。

6　共同作業を行う

グループでアイデアを出し合うことで、全員が発言する機会を持ち、コミュニケーションが活性化します。付箋などを使って、意見を出し合うとよいでしょう。

7　役割を与える

例えば、会議や研修の場で、チームに分けて、ディスカッションを行う際、参加者それぞれに役割を与えることで、全員が責任感を持って参加するようになります。

8　チャットの活用

オンライン会議やオンライン研修などのディスカッションでは、チャット機能を使って、アンケートを取るなどにより参加者からのリアルタイムな意見を集めることで、双方向のコミュニケーションが取れます。

以上のように、双方向にする方法はいくつかありますので、一方的なコミュニケーションにならないようにしていきましょう。

質問をすると人は考える

不思議なことに人は質問されると必ず考えます。「あなたの好きな食べ物は何ですか?」と聞かれたら、「うーん、カレーかな」とか、「ハンバーグかな」と考えるじゃないですか。そう、質問は相手に考えさせる武器になります。相手の意見をうまく聞き出すには、質問方法を変えたりすることが必要です。

・クローズドクエスチョン

クローズドクエスチョンは、「唐揚げと餃子どちらが好きですか」といった、二者択一、またはＹＥＳ ｏｒ ＮＯで答えられる質問です。答えやすい質問なので、相手が回答に困った時に、有効に活用できます。ただし、答えを唐揚げと餃子に誘導していますので、注意が必要です。

・オープンクエスチョン

オープンクエスチョンは、「好きな音楽は何ですか？」といったように相手が自由に回答できる質問です。自由に回答できる半面、回答までに考える時間がかかります。

より深く聴いたりするなど、視点を切り替えさせる質問手法も3種類あります。

1、チャンクダウン（具体的には）
2、チャンクアップ（要するに）
3、スライドアウト（他には）

「具体的にはどういうことですか？」と掘り下げて聞くチャンクダウン、「要するにどういうことですか？」と言っていることをまとめさせるチャンクアップ、そして、「他にどんなものがありますか？」と思考を広げさせるスライドアウトの3種類です。相手と話をしている時に質問をすると、相手は、自分の話に興味を持って聞いてくれていると感じます。

図W　ジェスチャーの注意点（出所：筆者）

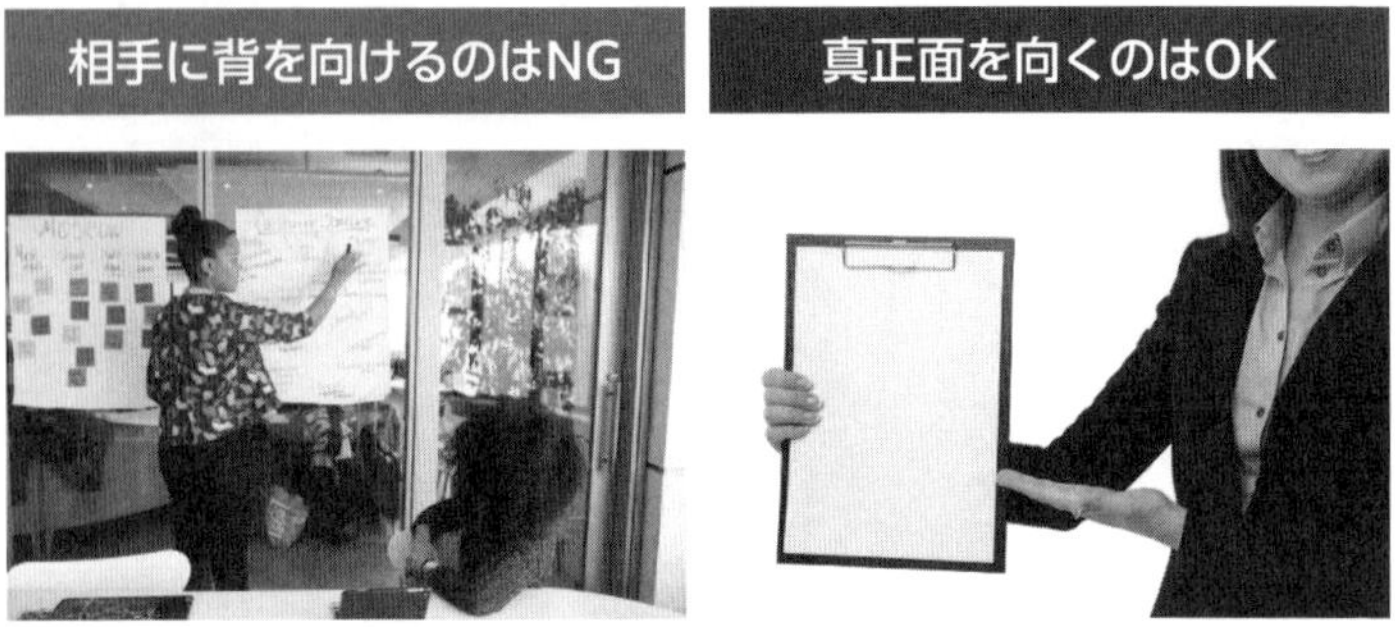
相手に背を向けるのはNG
真正面を向くのはOK

注意を引き付ける技術

ジェスチャーで注意を自分に引き付けることができるやり方があります。それは、まずは、無言です。例えば、自分が話す際、冒頭でしばらく黙ってみてください。なかなか勇気がいることですが、黙るのです。人は、沈黙に耐えられず、すぐ喋ってしまいがちですが、沈黙していると、皆のパソコンに向かっていた目が自分に向くようになります。そうです。沈黙は実は、黙っているようで、語っているのです。

図X　ジェスチャーのNG例（出所：筆者）

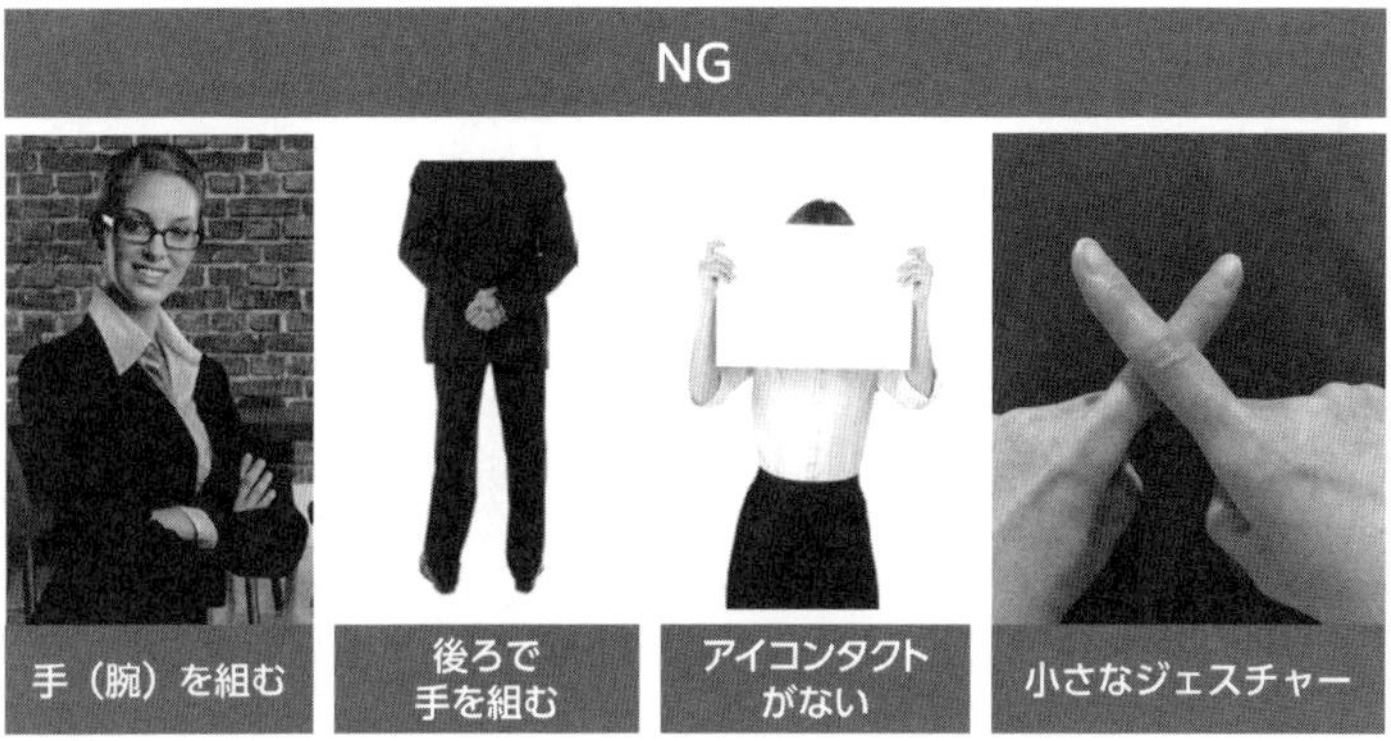

さらに、会議でのプレゼンテーション中にスライドのある部分のことを伝えたい時、手で指し示すと思います。その際の注意点は、相手に背中を見せないこと（**図W**参照）。前を向いたまま、右手ないしは左手で指し示します。ちなみに手で指し示す時、男性は手の指を開いて、女性は手の指を閉じて指し示すとよいです。

プレゼンテーション時のジェスチャーについて、NG例をいくつか挙げておきますので、参考にしてみてください。

- 前で手を組む
- 後ろで手を組む
- アイコンタクトがない

・小さなジェスチャー

人前で話す時は、前で手を組んだり、後ろで手を組んで話すのはNGです。手はだらんと自然に下ろす感じでよいです。ジェスチャーをする際は、恥ずかしいかもしれませんが大きく手を広げたり、自分の体からはみ出る感じで手を出すとよいです。自分からすると、とても恥ずかしいと思うのですが、聞き手はそれほど気になっていません。逆に小さなジェスチャーはダメです。また、アイコンタクトがないのはNGなので、目を見て話をするようにしましょう（**図X参照**）。

歌手と同じでリハーサルが大事

歌手が大きなホールでコンサートを行う場合、必ずリハーサルをします。テレビ番組でも、ほとんどの番組で本番前の予行演習であるリハーサルをやります。

昔、「笑っていいとも！」という番組があり、番組観覧をしたことがありますが、その時も短い時間でしたがリハーサルをやっていました。

あなたが、もし大事な会議や多くの聴衆のいる前で話すことになったら、どうしますか？

私が人材育成チームのマネジャーをやっていた時のことです。他部署のAさんが私にいぶかしげに話しかけてきました。

Aさん：「寺下さんの部下のKさんがさっき会議室で、1人で立って、しゃべったり笑ったりしてましたけど、大丈夫ですか？」

寺下：「うん、大丈夫」

Aさん：「あれは、何をやっているんですか？」

寺下：「研修のリハーサルだよ」

Aさん：「えっ、研修でもリハーサルって必要なんですか？」

寺下：「うん、必要だね」

Aさんはとても驚いていましたが、リハーサルは別に講演の時にだけやるものではありません。研修やプレゼンテーションなど、全てにおいて大事なのです。

リハーサルをやる時、注意点があります。それは、時間と場所が許される環境なら、同じ時間、同じ場所など、本番と同じようにやることです。できるだけ、本番と同じ環境に身を置いてやるとよいのです。

練習は本番のように、本番は練習のようにやるのがコツです。

カラオケと同様、話し方は練習すればするほどうまくなる

話す力は、先天的なスキルではなく、誰でもコツさえ身に付ければできるようになるスキルです。中には、いわゆるコミュニケーションの天才もいるかもしれませんが、ほとんどは私のように、どちらかというとごく平凡な人なのかなと思います。じゃあ、そんな人はどうすれば、コミュニケーションがうまくなれるかといえば、練習に尽きます。カラオケやスポーツは、あなたもやったことがあると思いますが、練習すれば、プロの歌手や選手にはなれないかもしれませんが、

誰でもある程度は、上手になることができます。どんな音痴な人でも、練習すればできるようになります。スポーツも同様です。バスケットボールのドリブルやバレーボールのサーブ、サッカーのシュートとかと同じです。やればやるほど、上手になります。

なので、私は、話すのが苦手だという人にアドバイスしていることがあります。

1に練習
2に練習
3、4がなくて
5に練習

私は、大きな講演の時は、100回くらい練習します。「寺下さんはお話がお上手ですね」と講演後に言われることがありますが、実はそうやって、裏側では、地道な努力をしているのです。

ある経営者が集まるミーティングで、毎週、25秒のプレゼンテーションの機会があり、自分のやっている仕事や自分を紹介するのですが、25秒はあっという間に過ぎてしまいます。

50人くらいがプレゼンテーションするので、一人ひとりを観察しているのですが、資料も違えば、発表の仕方も違うので、とても勉強になります。

・時間内に発表を終えることができない人
・資料を棒読みの人
・早口で、何を言っているか聞き取れない人
・資料が文字でいっぱいで、読み切れない人
・結局、何が言いたいのかが分からない人

など、色々いるのです。もったいないなといつも思います。

私は、プレゼンテーションは、資料の作り方の基本は押さえていることを前提としたら、あとは練習が大切だと思っています。ちょっとしたプレゼンテーションの場面でも、少なくとも10回以上練習するとよいと思っています。

先ほど、私は、大きな講演の時は１００回くらい練習すると言いました。それは、緊張を和らげるのもあるのですが、そこまでやれば、仮に頭が真っ白になってしまったとしても、口から自然と言葉が出てくるようになるからです。１００回練習したんだから大丈夫という自分への暗示もあるのかもしれません。

では、練習しないとどうなるか？　というと、メモやカンニングペーパーを読むことになるわけです。でも、メモやカンペを読んだプレゼンテーションは、相手の心に届きません。要するに、伝わらないのです。ただ読み上げるだけのプレゼンは、意味がないのです。

じゃあ、どうすればよいか――ということですが、これはよく相談を受ける内容でもあります。こういう質問をされたら、私は次のように答えるようにしています。

「話のポイントをいくつか箇条書きにしてみるといいよ」。

スライドに書いてあることは、読めば分かるのです。そうではなく、自分の言葉で話すことが大切です。たどたどしくてもいいのです。読み上げてはいけません。なので、

1に練習
2に練習
3、4がなくて
5に練習

すればよいのです。

あと、プレゼン資料ですが、プレゼンの内容が曖昧だったり、詰め込み過ぎだったりしませんか？　詰め込み過ぎないことが大切です。それと、スライドを文字ばかりにしてもいけません。イラストや写真などの画像も活用するのです。できれば、写真がいいです。イラストでもいいですが、インパクトは全然違います。最近は、動画もお薦めです。

そして、最後は、率直なフィードバックをもらうことです。「どうやって、フィードバックをもらえばいいのですか？」。これもよく質問されることの1つです。

「今日のプレゼン、ここがよかったよ」とか、「分かりづらかったよ」というフィードバックだけでは不十分です。もっと具体的なフィードバックをもらうことが大切です。自分から「今日のプレゼン、聞いてて正直どう思った？」と勇気を持って、聞いてみるとよいです。そうすれば、例えば、「『えーと』という口癖が結構目立っていたよ」などと、率直なフィードバックをもらえます。その際、ムカついたとしても、ムッとしてはいけません。フィードバックは批判ではありません。フィードバックをすぐネガティブなものと捉えがちですが、フィードバックは「プレゼント」だと思うようにするとよいのです。プレゼントだと思えば、大切にできます。また、フィードバックは、その人の成長につながるものです。プレゼンテーションが上手になると、色々とチャンスも広がってくることになります。

緊張をほぐす5つの方法

人は話す時、緊張します。もちろん、人前で話をすることが多い私もいまだに緊張します。本当ですか？　と聞かれますが、本当に緊張します。

ただ、緊張し過ぎると、あがってしまい、頭の中が真っ白になってしまったりしますので注意が必要です。人によっては、話が飛んでしまって支離滅裂になってしまったりしますし、あまりに緊張し過ぎて言葉が全然出てこなかったり、声が小さくなってしまったりします。ひどいと、前日から寝られなかったりするわけです。「それ、あるわー」と思っている人も多いのではないでしょうか。

では、どうやって、緊張を克服するかですが、まずは私の失敗談から紹介したいと思います。

私は、大きな講演がある度、ルーティンとしてやっていたことがあります。それは、トイレの個室で大声で発生練習をすることでした。これをやると、本番で、変な緊張感が取れ、スムーズに話ができたのです。ある時のことです。

大きな講演で、あまりに緊張し、緊張を解くためにトイレで大声で発声練習をしていたら、トイレの個室にいた人から不審者通報されたのです。そこから反省して、トイレでは、やめるようにしました。

緊張をほぐす5つの克服方法は以下の通りです。

1　ストーリーを自分のものになるようにする

話の流れをしっかり頭にたたき込みます。話す直前までずっと何度も流れを確認します。自分のものになるまで、ここは地道に努力します。どうしてもストーリーが覚えられない場合は、メモを作成してもよいですが、メモの棒読みをしても伝わりにくいので、箇条書きでメモすることにしましょう。

2　スライド順を覚えるまで繰り返し練習する

スライドの順番は、覚えられないとか言っている場合ではありません。次のスライドに何が出てくるかが分かるようになるまで、何回も練習します。大事なプレゼンテーションなどの場合であれば、１００回くらいは練習するとよいです。「えっ、１００回も練習するんですか？」と質問されたりしますが、10回でスライドが覚えられるのであれば、それでＯＫですが、覚えられないのであれば、覚えるまでやるとよいでしょう。どんな講演のプロでもそうやって努力しています。

3　自分なりのリラックス方法を考えておく

これまでの人生で、自分なりに緊張をほぐす方法ってあったと思います。私なら、最初の話し始めは緊張しますが、最初の1分くらいで自分のペースに持っていくようにします。そのためにも、まず、自分の話を聞いてくれている人の中でうなずいてくれている人を探して安心するとか、自分なりのリラックス方法があると思います。それをやってみればいいのです。

4　話し始めは大きな声で

緊張すると、どうしても声が小さくなってしまいます。そして、緊張し過ぎると声が震えてしまったりします。でも、そうなると、聞いている方には、「全然聞こえないな」とか「声が震えていて緊張しているんだな」と思われてしまい、話の内容が相手の頭に入っていきません。小さい声で話し始めると、ずっとその調子で話してしまうことになります。なので、話し始めは大きな声でスタートするとよいでしょう。その際、目を大きく開けて話し始めると、より伝えたい内容を強く印象付けることができます。

5　全員ではなく、一人に語りかける

多くの人前で話す際は、全員に伝わるようにと思って話してしまいがちなのですが、意外と聞いてくれている人に伝わっていなかったりします。ある一人を決め、その人に語りかけるようにすると、全員に伝わっていることが多いです。

話の内容を自分ごとにさせる方法

多くの人の前で話をする時、話を聞いている方は、それは自分のことではないと思ってしまいがちです。そこで、話を自分ごととして考えてもらえる方法があります。

それは、「あなた」という語りかけ。多くの人が聞いているのに、「あなたは……」って言うのは、おかしいのではないかと思うかもしれませんが、おかしくないのです。成功談や失敗談があると、それを自分や自分の職場に置き換えて考えることができるからです。なので、語りかける時は、「皆さん」ではなく、「あ

なた」がいいのです。

また、人に体験談を話す時には、特に失敗談が有効です。失敗談を聞くと、親しみや親近感を持てたりするからです。なので、私は、成功談よりも、失敗談を話すようにしています。そして、具体例を話す時には、私は、「　」（かぎかっこ）を意識しています。つまり、人との会話は会話口調で話すようにしています。例えば、

寺下：「先日、Mさんにこんな電話をしたんですよ」

寺下が演じるMさん：「あ、もしもし、寺下さん、この前のプロジェクトについて相談があるんですけど」

寺下：「なるほど――。わざわざお電話をいただき、ありがとうございます。正直言って、私も気になっていました」

みたいな感じに一人で演じるのです。一人芝居で、少し恥ずかしいように思うかもしれませんが、会話口調で話すと、情景が具体的に聞いている人の頭の中にイ

メージできるので有効です。これをやるには、少し訓練が必要ですが、落語とかを見て、参考にするとよいでしょう。

みんなに話すのではなく、うなずいている人を見つけて話すと伝わる

人に話をする時、特に複数人の前だったり、大人数の前で話す機会もあると思います。その際、みんなに自分の思いを伝えようと思って話をすると、全然伝わらなかったりします。私は、仕事柄、300名を超える人の前で講演したりしますが、みんなに伝えようとして話をした時、アンケート結果を後で見てみると、反応がよくなかったりします。なぜ、みんなに伝えようとしているのに、伝わらないのか――。その当時は、原因すら分かりませんでした。しかし、ある時から講演で、たくさんの人前で話す際、うなずいている人を見つけて、その人に向けて話をするようにしました。するとアンケート結果でも、全員の人に伝わっていることが分かり、びっくりしました。うなずいてくれる人を見れば、自分の話を

理解してくれていると思い、自然と自分の話に自信が持てるようになり、リラックスした雰囲気で話ができるようになるからです。

コラム「よいプレゼンとダメなプレゼン」

私は、仕事柄、審査員などをする関係で、人のプレゼンテーションを見たり、評価したりする機会が多く、そこから見えてくるものがあります。

良いプレゼンテーションの特徴

1　自分の言葉で話をしている

スライドに書いてあることをそのまま読むのではなく、自分の言葉で話をしているプレゼンテーションは話に引き込まれます。なぜなら、そこには、「想い」があるからです。スライドに書いてあることは、見ればいいだけです。それを単に読むのは、時間の無駄です。そこで何を伝えたいのかを自分の言葉で表現することが大切です。

2　スライド1枚の情報量が適切

つい、発表資料に情報を詰め込んでしまいがちですが、良いプレゼンテーションは、見ている人が消化不良にならず、受け取れる情報量になっていることです。そのためには、言いたいことがたくさんあったとしても、要点を絞って話をすることです。1枚のスライドで何分話しができるかにもよりますが、与えられた時間の中で説明できることは限られています。本当に伝えたいことは何かを考え、話すとよいでしょう。

3　話が分かりやすい

分かりやすい言葉で話すというのは、意外と難しいです。つい、専門用語や略語を使って話をしてしまいがちですが、中学生レベルでも理解できるように言葉をチョイスすることです。分かりやすさがプレゼンの成否を分けると言っても過

図Ｔ　ジェスチャーの例（出所：筆者）

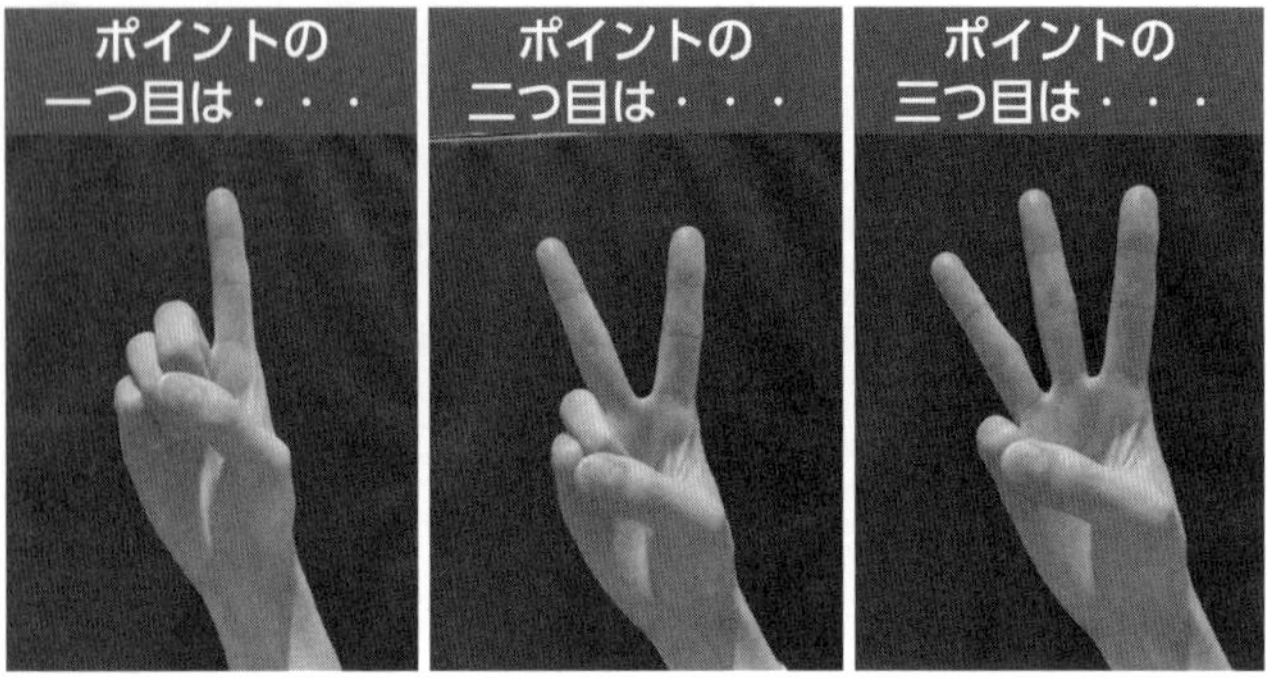

言ではありません。

4　ジェスチャーで身ぶり手ぶりがある

「ポイントが3つあります！」と説明する時に、手の指を使って表現できる人とそうでない人がいますが、身ぶり手ぶりで説明されると、分かりやすいです。スクリーンに投影された資料に対して、手を出して、指し示す行為もあるとよいです。

できる人は、「ポイントが3つあります！」と3本の指を出して説明するだけではなく、「ポイントの一つ目は……」というところでも1本の指を出して表現しますし、最後の三つ目のポイントまで忘れずにジェスチャー付きで表現します（図T参照）。最初からやらない人の方が多いですが、最初にやっても最後までやり続けられる人は、実はめちゃくちゃ少ないのです。

5　話すスピードが適切

早口は、全く理解できません。伝えたいことをきちんと相手に伝えるには、話をするスピードも強く意識する必要があります。繰り返しになりますが、私は、「プレゼンテーションする時は、ＮＨＫのラジオのアナウンサーと同じスピード」をお勧めしています。実は、それくらいゆっくり話をすることが大事だからです。民放のアナウンサーのスピードは参考になりません。

続いて、ダメなプレゼンテーションの特徴です。これは、いっぱいあります。一つずつ見ていきましょう。

ダメなプレゼンテーションの特徴

1　図が小さくて見えない

これは情報量の詰め込みとも関連しますが、1枚のスライドに情報を詰め込もうとすると、そこに掲載される図やグラフなども自然と小さくなります。

小さくなると、見えません。あなたの上長は基本的に、あなたよりも年上で、老化により視力も落ちています。とするならば、そこで小さい図やグラフを見せても、全く見えておらず、何の意味もないのです。

2　スライドに書いてあることをそのまま読む

これは、意外とやっている人が多いのではないでしょうか。スライドに書いてあることをそのまま読む人、めちゃくちゃ多いのですが、これはNGです。

なぜなら、だったら口頭での発表はいらないからです。発表を聞く必要はなく、そのまま読めばよいのです。

3　情報量が多いので読み切れない

情報量が多いとスライドを読み切ることができません。スライドが投影されていると、聞いている人はそれを見ようとします。見ながら、話を聞いているのです。いっぱい情報が書いてあり、読んでいる途中に次のスライドに行ってしまうと、さっきの資料が気になったまま、次のスライドの説明を聞くことになります。説明している間に読み切れる情報量にしないと、せっかく書いても理解されないのです。

4　何がポイントなのかが分からない

「1枚のスライドに情報がたくさん載っていますが、その中で伝えたいことを1つ選ぶとすると何でしょう？」と思わせる発表が実に多くあります。結局、ここで何を言いたいのか伝えられないと、聞いている方も印象に残らないのです。だから、「1スライド1メッセージ」で資料を作成することがとても大切です。

5　マイクを両手で持つ

プレゼンテーションは、カラオケではありません。マイクは、片手で持ちましょう。マイクの持ち手の下の方を口の位置より上に上げて話す人もたまに見かけますが、これもカラオケではありませんのでやめましょう（笑）。

6　色のルールがない

資料作成時、色のルールを決めておく必要があります。前述した通り、私は、ソフトバンクルールで資料の作り方を勉強したので、

ポジティブ（肯定的、プラス、前向き）なメッセージは、青色

ネガティブ（否定的、マイナス、後ろ向き）なメッセージは、赤色

と決めて、資料を作っていましたし、今もそう作っています。色にもルールがあるので、事前に決めておくとよいでしょう。自社にルールがなければ、ソフトバンクのルールでやるといいと思います。

そして、色については、多くの色の使い過ぎもよくありません。できれば、3色以内で表現するとよいです。加えて、読みにくい、黄色やオレンジ色で書かれた文字はNGです。以前、そのような資料を見ましたが、正直なところ、スクリーンに映してみると明らかなように、読めませんでした。

7　声の大きさやスピードが単調

お客様との電話対応でも単調に話し続けるとクレームになるのと同じで、プレゼンテーションもずっと同じトーンでの説明は、正直眠くなりますし、聞く気がだんだんなくなっていきます。大事なところでは、より大きく、よりゆっくり話しましょう。そうでないところは、それなりに。声の大小やスピードの緩急もつけながら話すと、聞いている方は飽きずに聞くことができます。

8　写真やイラストと文字の配置がおかしい

第3章①資料活用編の「相手に刺さる効果的なスライド」で示した通り、私は講演や研修などで「写真やイラスト、グラフは左に、文字は右に」と教えています。これは、脳のメカニズムでそれが一番理解しやすい配置だからです。

9 言葉が難解

難しい言葉や横文字などを使いたくなる気持ちはよく分かります。でも、聞いている人には、一切分からないのです。

この前も、「実証的アプローチ」とある方が表現されていましたが、聞いている人は、「実証的アプローチ」と言われたところで、「？」と思考が停止します。そして実証的アプローチって何だろう？　と考え始めた結果、その後の話は全く耳に入ってきません。

要は、誰にでも分かりやすい言葉で説明することが大切です。なので、略語や専門用語も使ってはいけませんし、どうしても使いたいのなら、補足したり、分かりやすい言葉に言い換えたりするとよいです。

10 アニメーションがやたらと多い

アニメーションを使うことは否定しませんが、使い過ぎはダメです。また、凝り過ぎたアニメーションもNGです。見ている方が疲れるし、そちらにばかり気を取られて、話が頭に入ってこないからです。使うのなら、ここ一番というところで使うとよいでしょう。

ということで、ダメなプレゼンテーションを10個挙げてみました。プレゼンテーションは、訓練で誰でも上手になることができます。ただ、基本を押さえずに訓練しても意味がありません。基礎をしっかりと勉強しつつ、上手な人からフィードバックを受け、課題を修正していく——。そんな訓練を繰り返しやっていくことが、プレゼンテーション成功への近道です。

事例：エレベーターピッチで社長にプレゼン「社長を動かして、新卒の顧客対応体験を実施」

以前、私がいたお客様対応部署で、こんなことがありました。

お客様対応部署にいると、会社の社長と話すどころか、会うことすら滅多にありません。ヤフーも当時、社員が6000人くらいいましたし、役員でもない限り、社長と直接お話しする機会は、ほとんどありませんでしたし、社内で社長を見かけることすら、ほとんどないのです。

しかし、ある日、社長を社長室からセミナールームにお連れする業務を私が担当することになりました。私の業務において、社長が参加するような会議もありませんでしたし、社長に提案する機会なんて、まずありません。

なぜかその時、私は、1対1で社長と話すことができるチャンスが巡ってきたと思ったのです。しかし、話すことができると言っても、私に与えられた時間は、社長室からセミナールームまで案内する、ほんの数分間です。そのわずかな時間で、社長に「お客様第一の意識を新卒社員に浸透させるために、新卒社員をお客様対応部署に連れて行って、顧客対応体験をさせる」という提案を行ったのです。

当日、社長に簡単な挨拶をして社長室から一緒に出ました。時間もないので、早速提案してみようと思ったその時、社長から色々と質問をされてしまい、提案がいきなり暗礁に乗り上げそうになります。しかし、諦めずに提案します。

寺下：「突然で申し訳ございませんが、本日は、社長に1つ提案があります。」
社長：「（突然何を言い出すんだという表情で）何？」
寺下：「新卒社員にお客様第一の意識を浸透させるために、新卒社員をお客様対応部署に連れて行き顧客対応体験をさせたいのです」
社長：「（いきなりの提案でびっくりしながらも）なるほど。どれくらいの期間を考えているの？」
寺下：「最低でも半年ほどと考えています」
社長：「なるほど。しかし、半年は長いかもね……」
寺下：「確かにそうですよね。どれくらいの期間であればＯＫでしょうか」
社長：「業務に支障が出ないようにしないといけないから……」

エレベーターの途中の階から、私の同僚が乗り込んできました。普段だと気軽にしゃべりかけてくるところですが、エレベーターに乗っているのは、社長と私の二人だけ。しかも、私は、必死に社長にエレベーターの中でプレゼンテーションをしているのです。エレベーターの中では、気まずい空気が流れます。

同僚もただならぬ雰囲気を察し、社長と私がエレベーターを降りるまで、一言も喋りませんでした。セミナールームに着いて、社長は私にこう言いました。

社長：「いいんじゃない。人事に企画書出しておいてね！」

キター！。勇気を出して言ってみるものですね。

社長にほんの短い時間でしたが、プレゼンテーションして自分の思いを実現することができました。新卒社員数百人を青森や北九州などの地方にあるお客様対応部署に連れて行くためには、数千万円かかってしまいます。そうなると、すぐ「それをやることの費用対効果は？」と聞かれて、ボツとなる企画になってしまいがちです。しかし、熱意が通じたのか、社長はＯＫをしてくれました。

こうした経験から、一社員でもプレゼンテーションを通して、実は経営層さえも動かすことができると私は思っています。実際、経営層を動かすには、いくつかのポイントがあります。それは……。

1　数字できちんと説明する

「少し」「たくさん」「ちょっと」「できるだけ」「多い」など、つい使ってしまう言葉があります。なんとなくニュアンスは伝わるのですが、結局、どれくらいなのかが全く分からない言葉です。多いとか少ないとかは、言葉を受け取る側の物差しによって判断が異なります。あなたは、みかんが多いと言ったら、何個を想像するでしょうか。人によっては、10個だったり、100個だったりするわけです。みかんが10個であれば、あなただけではなく、誰にとっても10個として認識されます。しかし、よく使ってしまう言葉である「多い」「少ない」などでは結局、伝えたいことを明確に伝えられなくなってしまうのです。

これらの言葉は、全て数字に置き換えて説明すると、相手も同じ理解をすることができます。件数（10件）や割合（30％）、金額（15万円）など、全て数字に置き換えるとよいでしょう。

2　短時間で要点を伝える

基本的に、経営層は多忙のため、短時間で判断してもらえるように提案側も配慮する必要があります。限られた時間で効果的に伝えるには、単刀直入に結論から話すべきです。当然、結論に導く理由は、経営層から見ても納得できる内容であることが必要です。時間がない時は、要点だけをかいつまんで話せばよいのです。

3　一人歩きしてもよい資料で、本気度を伝える

提案書や企画書などの資料は一度提出すると、提出先の相手だけにとどまらず、色々な人の手に渡ってしまいます。つまり、資料は、一度提出してしまうと、一人歩きするのです。実際、お客様対応部署の報告書を作成する業務をやっていた時、社長室から確認したいことがあると呼び出しがあり、社長室に行ったところ、社長が私の報告書を手にしていたのです。それを見た時、経営層まで資料が行ってしまうんだなと、当時はびっくりしたものです。それだけに、資料を見ただけで、何が言いたいのかを明確にする必要があります。口頭で、補足が必要な資料はダメな資料です。資料は、プレゼンテーション時に口頭で補足すれば大丈夫と多くの方が思っていますが、補足なしに資料だけで伝えたいことが伝え

られるようにすることが大切です。

あとは、資料に実現したいことを熱意を込めて表現することです。資料を受け取った側が結局、自分に何を訴えたいのか、何を求められているのかが分からないということが非常に多いのです。本当にやりたいことを明確にメッセージにすべきです。逆に、明確にメッセージを打ち出せないということは、実は、本気でやりたいと思っていないのです。

第5章

Dタイプ

1対1力を高めたい

イラスト　gugu／Adobe Stock

コミュニケーションは、1対n、つまり相手が複数の場合だけでなく、相手が1人のみのケースもたくさんあります。ビジネスの場面では、1on1など、上司が部下と対話する場面を想定してもらえればと思います。1対1で特に問題となるのは、聴くスキルです。伝えるだけではなく、聴くスキルも1対1の場面では、求められるからです。第5章では、1対1のコミュニケーション力の高め方についてお話ししていきたいと思います。

聞くと聴くは180度異なる

コミュニケーションは、伝えるだけではコミュニケーションとは言えません。相手の言っていることを聴き、理解して初めて、コミュニケーションと言えるのです。では、ここで問題です。

問題：「聞く」と「聴く」は、何が違うのでしょうか。

解答：一般的に「聞く」は、「物音を聞いた」「救急車のサイレンが聞こえる」「話し声が聞こえる」のように、音や声などが自然に耳に入ってくることをいいます。一方、「聴く」は、「音楽を聴く」「講義を聴く」「国民の声を聴く」のように、積極的に耳を傾けることを表します。何が違うかといえば、意識的に聞いているかどうかです。聞くは無意識的ですが、聴くは意識的です。コミュニケーションにおいて、人の話を聴く時は、意識的に聴く必要があります。

一方、聴く時にやってはいけないことがあります。

1　相手が言っていることを真っ向から否定する

否定するというのは、本人が言っていることを認めないのではなく、真逆のことを言うことです。

相手：「この映画は絶対に面白いよ！　レビューがすごく高いし、みんな絶賛しているから」。

否定する例：「ネットのレビューが高いからといって、必ずしも面白いわけじゃないよ。私はその監督の前作があまり好きじゃなかったから、今回もあまり期待できないかもしれない」。

相手：「新しいプロジェクトはすぐに成功すると思う。計画は完璧だし、チームも優秀だからね」。

否定する例：「あなたの立てた計画は完璧かもしれないけど、予期しない問題が出てくる可能性もあるから、成功するにはもっと慎重に進めるべきだ」。

こんな感じで相手の言っていることを異なる視点で否定してしまうと、相手は、話す気が失せてしまいます。

2　比較する

相手の話を聴く時に比較をしてしまうと相手の立場に立って理解しようとする

気持ちが薄れてしまいます。結果として、相手の話を理解することより自分の基準や経験を述べることを優先してしまい、ちゃんと聴くことができなくなってしまいます。話し手としても話の途中で比較されると、「自分の話をしても意味がない」と感じ、話し続ける意欲を失ってしまいます。また、人によっては、批判されたと感じてしまい、次回から話をすること自体を避けるようになってしまいます。どんな例があるか見てみましょう。

会話例1　仕事のストレスについて

Aさん：「最近、仕事がすごく忙しくてかなりストレスがたまっているわ」。
Bさん：「分かるわ。そうなっちゃうよね。でも、部署の他のメンバーは、深夜残業とかしてるみたいだし、それと比べれば、あまり大したことじゃないかもね」。

会話例2　子育ての悩みについて

Aさん：「子供が最近全然言うことを聞かなくて、どうしたらいいか分からないの」。

Bさん：「それは大変だね。でも、私の友達の子供はもっと反抗的で、親を無視することさえあるんだよ。それに比べたらまだマシじゃない？」。

会話例3　健康について

Aさん：「最近、ぎっくり腰になってしまって、腰が痛くて歩くのがつらいんだ」。

Bさん：「それはつらいね。でも、私のおじいちゃんは昔から腰痛に悩んでるし、それに比べればまだ軽い方だよ」。

このように話の内容を比較されてしまうと、相手は、自分の話をちゃんと聴いてくれていないなと感じてしまい、話す気が失せてしまいます。相手の話は、比較をせずに聴くことが重要です。

3　自分の話をする

よく上司が部下に対してやってしまいがちなことが、これです。部下に質問を投げかけて、部下は考えている最中にもかかわらず、部下が黙っていることに耐えられなくなって、自分から話してしまうのです。間が気まずいと感じてしまい、つい自分の話ばかりしてしまうのです。これをやってしまうと、相手の話を聴いていないことになります。沈黙に負けてはいけません。

積極的に聴く姿勢とは

あなたが話を始めた時、相手が積極的に自分の話を聴いてくれていると感じる時は、どんな時でしょうか。

私は、よく研修で、2人1組になってもらい、話す方は、自分の喋りたいことを1分間喋ってもらうようにします。一方、聞き手には、聞き方を指示します。どんな指示をするかというと、次のようなものです。

・無視

・相づちもしない
・目も合わせない
・笑ってはいけない

聞き手がこの状態で話し手の話を聞くと話し手は、どうなるか分かるでしょうか？

面白いことに、これは1分間のワークショップですが、3分間でやると、はっきりとその結果が現れます。話し手は、1分もたたないうちに、もうこれ以上話したくないという状態になり、黙ってしまうのです。そして、地獄の3分間を味わうことになります。つまり、何が言いたいのかと言えば、相手に話を聴く姿勢がなければ、話し手が話し続けるのは非常に難しいということです。

では、積極的に話を聴く姿勢とは、どんな姿勢でしょうか？

・目を見る
・相づちを打つ

・作業の途中なら手を止める
・メモを取る
・相手の話を遮らない
・復唱する
・質問する

まず、目を見て話を聴きます。途中で、「うん」とか「はい」とか相づちを打ちながら話を聴いていきます。その際、ノートやパソコンにメモを取っていきます。気になることがあれば、質問などをしながら話を聴くと、相手は、自分の話をちゃんと聴いてくれていると感じます。

以前、こんなことがありました。部下のOさんと1on1をやっていた時のことです。当時、私は、部下の話をパソコンにメモしていました。先ほど述べたように、途中で、相手の言葉を復唱したり、質問したりしながら、Oさんの話を聴いていたんです。そして、必要だなと感じたことは、パソコンにメモしていました。

1on1の途中で、重要なメールの通知がパソコンの画面上に出ました。いつもなら、開かないのですが、そのメールは、先方からの契約可否に関するメールでした。私は、Oさんの話を聞きながら、そのメールをちょっとだけ見ようとして開いてしまいました。その時です。Oさんが突然、こんなことを言ったのです。

「寺下さんは、私との会話をよくメモしていらっしゃいますが、どんな感じでメモを取られているんですか?」と、パソコンの画面を見られてしまったのです。そこには、私が先ほどちょっとだけ見ようとして開いたメールの画面がありました。

忘れもしません。Oさんの冷ややかな私に対する目。その後、Oさんとの関係が気まずくなってしまいました。私は、その事件があってからというもの、パソコンではメモを取らず、ノートに取ることにしました。

フィードバックをどれだけ受けたかで分かりやすさはレベルアップする

自分のコミュニケーションの課題には、自分で気づくことができません。自分はできていると思っていたりするからです。特に自分に自信があると、気づかないことが多いです。ただし、フィードバックをどれだけたくさん受けることができるかによって、分かりやすさが変わってきます。

私がヤフーの社長の資料を初めて作成した時、最初に出した資料が、真っ赤に添削されて返ってきました。私が作成したのに、作成した部分は1割しか残っておらず、あとは全て直されていました。でも、おかげで、資料ってこうやって作るのかと初めて分かりましたし、自分でもビジネス書を読むなどして、自己研鑽《けんさん》したものです。

効果的なフィードバックの受け取り方

もし、自分の伝え方について、例えば、上司や先輩、同僚からフィードバックされることがあったら、それは素直に受け取ることです。いや、そうじゃないよと思うかもしれません。自分のできていない部分を指摘されるわけですから、いい気分ではありません。そこまで言わなくてもいいのでは？　と思うかもしれませんが、ムッとしてはいけませんし、むかつくかもしれないけど、言ってくれてありがとうと思うようにします。ムッとした瞬間、自分の成長がストップしてしまうからです。

それでもなお、腹が立ってしまう人にアドバイスです。フィードバックを受けて、ムッとする気持ちが湧いてきたら、まず1回深呼吸をしてみてください。そして、たとえ辛辣な内容であったとしても、その人からのギフト、つまりプレゼントだと思って、前向きに捉えましょう。次に生かせばよいのです。

図Ｙ　内省と反省の違い（出所：筆者）

反省	リフレクション（内省）
変えられない過去に対する振り返り	良い未来を創造するための成長や改善を考える
失敗や成功から学ぶ	未来の行動にフォーカスし、よりよい結果を導くために考える
過去の行動やミスの改善が目的	自己成長が目的
謝罪や言い訳	ありたい姿を実現するには何をすべきか

成長のためのリフレクション

コミュニケーション力をアップさせていくには、自分自身のリフレクション力、つまり内省力が問われます。内省と反省は一見似ているようですが、異なります。

反省は、変えられない過去について行うものですが、内省は、よい未来をつくっていくために行うものです（**図Y**参照）。以下が自分のコミュニケーションについて内省を行うための質問です。

1　自己認識

・私のコミュニケーションの強みは何ですか？
・私のコミュニケーションの弱点は何ですか？
・どのような状況で自分が最も効果的にコミュニケーションを取れると感じますか？
・自分の感情がコミュニケーションにどのように影響していますか？
・コミュニケーションの際に、自分のボディーランゲージはどのように使っていますか？

2　感情の管理

・怒りやフラストレーション（不満）を感じた時、どのように対処していますか？
・緊張や不安を感じた時、どのように対処していますか？
・ポジティブな感情をどのように表現していますか？
・他人の感情に対してどのように共感を示していますか？

・感情のコントロールが難しい状況をどのように乗り越えましたか？

3 聴く力

・他人の話をしっかりと聴けていますか？
・積極的な傾聴を実践するためにどのような工夫をしていますか？
・相手の意見や感情を理解するためにどのような質問をしていますか？
・聴く時に最も気をつけていることは何ですか？
・他人の話を遮らずに聴けるようにするために、どのようなテクニックを使っていますか？

4 表現力

・自分の意見を明確に伝えるためにどのような努力をしていますか？
・誤解を避けるためにどのような工夫をしていますか？
・効果的なフィードバックを提供するためにどのような方法を使っていますか？
・自分の意見や感情を適切に表現できないと感じる状況はどのようなものです

か？

・どのようにして自分のメッセージが正しく伝わっているかを確認していますか？

5　関係構築

・信頼関係を築くためにどのような行動をしていますか？

・コンフリクトが生じた時、どのように対処していますか？

・他人との関係を改善するためにどのような努力をしていますか？

・他人をサポートするためにどのような行動をしていますか？

・チームでのコミュニケーションをどのように強化していますか？

6　フィードバック

・フィードバックを受ける際にどのような態度を取っていますか？

・ネガティブなフィードバックにどのように対処していますか？

・フィードバックを提供する際にどのようなアプローチを取っていますか？

・フィードバックを基にどのように行動を改善していますか？
・フィードバックの受け取り方をどのように改善していますか？

以上の質問に回答することで、1人であっても内省をすることが可能です。

率直にフィードバックをする

もし、自分が相手からコミュニケーションに関するフィードバックを求められたら、率直にフィードバックしてあげることです。正直に言い過ぎたら関係性が悪くなるとか考えて、率直に感じた感想を伝えるのを躊躇（ちゅうちょ）してしまうことがあります。でも、その躊躇があると、相手は、成長することができません。なぜなら、自分では、自分の課題になかなか気づくことができないからです。なので、躊躇することなく率直にフィードバックしてあげることです。その際、嫌味な言い方とかせず、相手の成長を考えてフィードバックしてあげることです。逆に自分がフィードバックされる時は、素直に受け取ることです。ムッとしないことが大切です。自分のことを思って、言ってくれたんだなと思って、言われたことは、自分の成長の糧にするとよいです。

フィードバックする時は数を絞る

改善点を言うとしても、できれば1つ、多くても3つ以内に絞ってフィードバックするとよいです。数多く言われても、自分で消化することもできませんし、なんなら、直そうとも思えなくなってしまうからです。以前、こんなことがありました。

私がある企業に転職して、しばらくたった頃、上司から呼ばれました。上司はこう言ったのです。

上司：「まだ仕事に慣れないこともあると思うけど、寺下さんには、直してほし

いことが10個あります」
寺下：「えっ、10個も？」
上司：「うん。まず一つ目が、……」
当然のことながら、数が多過ぎて直す気にもならなかったですし、直せなかったです。

サンドイッチ話法でフィードバックすると成長する

相手によかったところや改善した方がよいと思ったことを率直にフィードバックしてあげることは大切です。なぜなら、自分のコミュニケーションの仕方で改善すべきところを自分自身で気づくことは難しいからです。ただし、その伝え方は、相手が「あー、確かに言われる通りだな、直してみようかな」と思えるようにしないといけません。では、どうすれば、相手が素直に受け取れる伝え方になるかといえば、伝える順番です。
まず、よかったことを褒めます。その後、改善すべき点、ここをもっと○○するとよくなるという点を伝えます。そして、最後に今後の期待です。あなたならできるはずなど、相手に対する今後の期待を伝えるのです。改善してほしい点をよい点と今後の期待で挟み込んで（サンドイッチして）言うことで、相手は、直してみようかなと思うのです。具体的には、このようにやります。

よい点：「今回のプレゼンテーションでは、スライドの見せ方がとても分かりやすく、重要なポイントが一目で理解できました。特に、グラフの使い方が効果的で、データが視覚的に伝わりやすかったです」。

改善すべき点：「ただ、少し気になったのは、プレゼンの進行が少し速過ぎて、聴衆が全ての内容を理解するのに時間が足りなかったかもしれません。特に、複雑な部分ではもう少し時間をかけて説明するとよいかもしれません」。

○○するともっとよくなる点：「話す速度を少し遅くし、重要なポイントは大きめの声で話すことで、聴いている人が内容をしっかりと把握できるようになりますし、印象付けることができます」。

今後の期待：「〇〇さんなら、きっとできると思います。次回のプレゼン、楽しみにしています」。

出世するなど偉くなるとフィードバックはもらえなくなる

先ほどフィードバックは、大切という話をしましたが、フィードバックで気を付けなければならないことは、会社の中で出世していくと、フィードバックをもらう機会が激減することです。平社員の時は、先輩や上司、同僚など、色々な方から、こうしたらいいよとか、ああしたらいいよとフィードバックをもらうことができます。しかし、いざ上司になると、周りの人からのフィードバックは激減するのです。なぜなら、例えば、部下が上司の伝え方について、おかしいなとか、よく分からないなと思っても、それを表立って言うことはしないからです。

つまり、上司批判になるからです。なので、もし、上司に意見があったとしても、それは黙っていて、飲み会や部下だけのランチの際に話のネタにされるだけという悲しい結末になるわけです。

その典型的な例が学校の校長先生の講話です。あなたも校長先生の話って、すごく長くて、単にダラダラと意味なく話されたりした場合、苦行だと感じたことはないでしょうか？　そうです。校長先生は、学校の中で、一番偉いので、誰もフィードバックしないのです。だから、話の長い校長先生は、ずっと長いままなのです。

実際に私もヤフーで課長になった時にフィードバックしてくれる人が周りからいなくなり、びっくりしたものです。師匠の諏訪良武さんが「寺下くんは管理職で、フィードバックしてくれる人はいないと思うから、僕がフィードバックしてあげるわ」と言って、時折、アドバイスをもらったことがありますが、とてもありがたかった覚えがあります。当時は、何を言っているんだろうと思っていましたが、確かに、自分が昇進した時にフィードバックしてくれる人が激減して、アドバイスをもらえることがありがたいと後になって思ったものです。係長、課長、部長と偉くなればなるほど、フィードバックをもらえることはなくなります。

最終章

コミュ力の継続的な磨き方

イラスト　gugu／Adobe Stock

コミュニケーションは、毎日のように発生するため、鍛えようと思えば、鍛えることができるスキルです。ただ、そうは言っても意識的に、かつ継続的にスキルを磨いていかないと、習得できませんし、弱点も克服することができません。最終章では、コミュニケーション力の継続的な磨き方についてお話ししていきたいと思います。

継続的なコミュニケーション力アップを目指す理由

コミュニケーションスキルは、誰でも高めることができるスキルですが、一朝一夕に向上させることはできません。そのため、自分の弱点を克服したり、強みをより発揮したりする努力を継続していくことが必要です。なぜ、継続してスキルアップを図るべきかというと、３つの理由があります。

まず一つ目が人間関係がよくなるということです。円滑なコミュニケーションができれば、同僚や上司、顧客、家族、友人との信頼関係が高まります。良好なコミュニケーションは互いの誤解を減らすこともできますし、周りの人からの協力やサポートを得やすくなります。

理由の二つ目は、問題解決力が向上することです。優れたコミュニケーション力は、問題解決や意思決定の過程を円滑にします。自分の意見を明確に伝え、他者の意見を理解することで、よりよい解決策を見つけやすくなります。

最後の三つ目が、自分のキャリアを発展させることができるということです。ビジネスの世界では、コミュニケーション力がキャリアの成功に直結します。プレゼンテーション、交渉、リーダーシップなど、様々な場面でコミュニケーションが求められます。これを継続的に向上させることで、プロフェッショナルとしての成長が期待できます。自分のやりたいことも実現することができます。

日常でできるトレーニングと効果的練習法

この本を読むだけでは、伝える力や聴く力は身に付きません。当たり前ですが、実践が何より大事だからです。実践することで力を付けることができます。いくら頭で考えていても、実践できなければ意味がないのです。知識があっても、使えなければ意味がないのと同じです。なので、1つでも2つでもいいので、まずは、ご自身でやってみることです。

具体的に日常でできるトレーニング方法を5つ伝授したいと思います。

1 積極的に傾聴する

日常の会話で、相手の話をしっかりと聴くことを意識します。話すことより聴くことに徹するのです。話を途中で遮らず、相手が言いたいことを理解するために質問をしたり、要点を繰り返したりすることで確認します。実践することで、相手との信頼関係が深まり、より有意義な会話ができるようになります。また、誤解を減らすこともできます。

2 会話時にボディーランゲージを意識する

自分の姿勢、表情、ジェスチャーに注意を払いながら会話をしていきます。相

図T　ジェスチャーの例（出所：筆者）

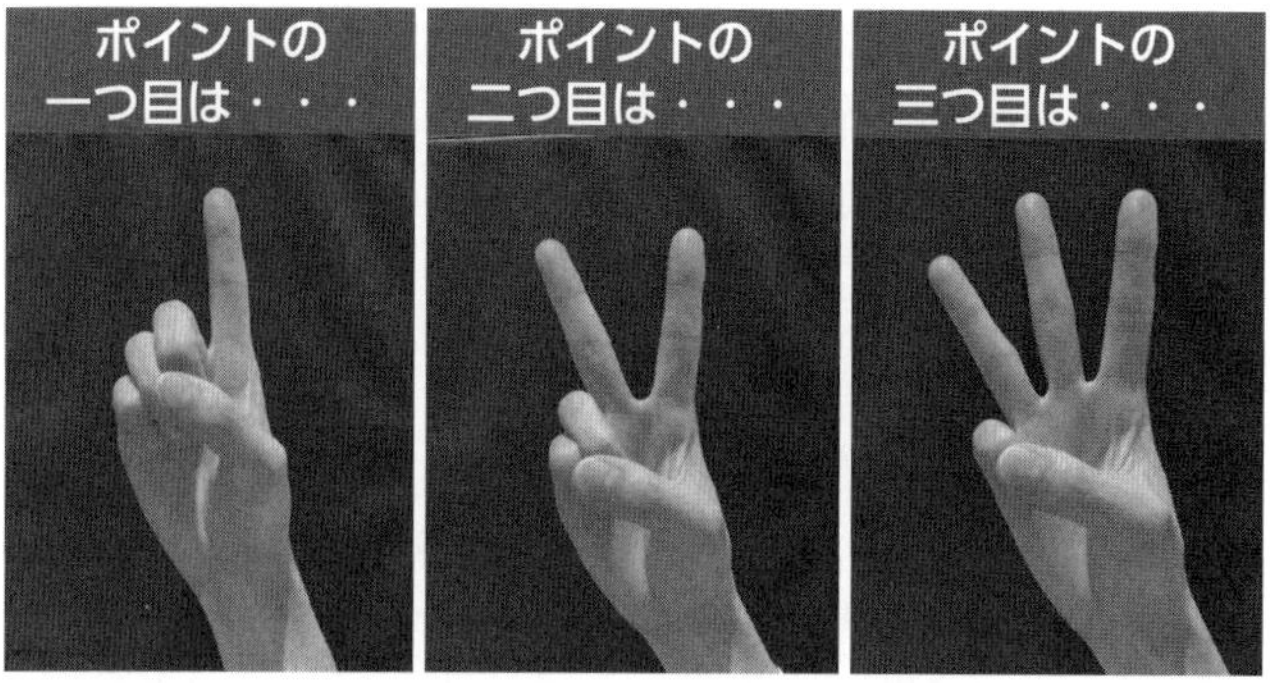

手に対してオープンな姿勢（例えば、腕を組まず、足も組まず、目を見て話す）を保つことで、相手が話しやすい環境をつくります。ポイントが3つある時は、手の指の本数を使って指し示したりします（**図T**参照）。そうすることで言葉以外の部分でのコミュニケーション力が向上し、相手に対してより親しみやすい印象を与えることができます。

3　日常の会話に感謝とフィードバックを取り入れる

何気ない日常の会話でも、相手からのフィードバックに対して感謝の気持ちを伝えたり、相手にもポジティブなフィードバックをしたりするようにします。例えば、「今日は手伝ってくれてありがとう」「そのアイデア、すごくよかったよ」といった具体的な言葉を使います。

4 新しい言葉や表現を学び、実際に使ってみる

本を読んだり、ポッドキャストを聴いたり、映画を観たりするなどして、新しい言葉が出てきたら、その表現方法を学びましょう。そして、日常会話の中でそれらを積極的に使ってみます。そうすることで、語彙力や表現力が向上し、より豊かで説得力のあるコミュニケーションができるようになります。

5 相手の視点に立つ

会話の中で、相手の立場や気持ちを想像し、その視点から物事を考えてみます。「相手はどう感じているのだろう？」「自分が相手の立場ならどう思うだろう？」と自問自答してみましょう。すると、共感力が高まり、相手のニーズや感情をより理解できるようになるため、より適切で心の込もった対応ができるようになります。

これらの方法を日常生活に取り入れることで、コミュニケーションスキルが徐々に向上していくはずです。継続して意識することが大切です。

意識し続けることとフィードバックをもらうことが上達の秘訣

コミュニケーションの仕方は、人が呼吸をするのと同様、ごく自然にやっているものです。そのため意識し続けないと、自分の苦手なところを克服したり、もっとうまくコミュニケーションを取ろうと思ったりしても、なかなかできません。意識し続けることが重要なのです。

私は、意識し続けることができる1つのポイントが、フィードバックをもらうことではないかと思っています。ただ、フィードバックは、フィードバックしてくれる人が必要です。そこで、1人でもできるよう、コミュニケーションを上達させるために学んだことを意識し続けるコツを3つ紹介しましょう。

1　日々の反省と振り返りを習慣にする

自分がコミュニケーションを取った時に、うまくいった時や逆にうまくいかなかった時ってありますよね。仕事の終わりでもいいですし、1日の終わりでもよいので、その日行ったコミュニケーションを振り返り、うまくいった点や改善すべき点を考えてみるとよいです。例えば、会話中に気づいたことや新たに学んだテクニックを実践できたかどうかを考える時間を設けるとよいでしょう。

2　小さな目標を設定する

学んだことを実践するための小さな目標を設定してみます。大きな目標ではなく、ほんのちょっと努力すれば達成できる小さな目標でよいのです。それを達成することを強く意識します。例えば、「今日は相手の話を最後まで聴いてから自分の意見を言う」や「会話中に質問を2個以上する」など、日常のコミュニケーションで取り組める目標を立ててみましょう。

3 学んだことを他人に教える

コミュニケーションに苦手意識を持つ人に学んだことを教えることで、自分自身の理解が深まり、それを意識的に実践し続けるモチベーションが高まります。例えば、友人や同僚にコミュニケーションに関するコツやテクニックをシェアすることが、あなた自身のスキルを強化する助けになるのです。

上達のための内省のコツ

コミュニケーションが上手になるには、内省、つまり振り返りが欠かせません。ただ、内省は自分と向き合うことになります。自分の嫌な部分と向き合うこともあるので、結構、避けてしまいがちです。人から色々指摘されることは、耳が痛いので、やはり嫌な人が多いのです。

では、どうすれば上達するための内省ができるかをお伝えすると、まず、上手にできた具体的場面、または上手にできなかった具体的場面を思い出します。そして、その時の感情を思い出します。焦ってしまったとか、イライラしてしまったとか、自分の感情がどのようにコミュニケーションに影響したかを考えます。そして、話の内容を相手はどう捉えたかを想像します。相手の立場に立つことができれば、次回からどうすべきかが見えてくるからです。

もし、相手に聞けるのであれば、フィードバックをもらうとよいでしょう。そして、改善点が明確になってくれば、それをリストアップしてみます。さらに、自分の中の小さな目標を設定してみるのです。「次は、メモを見ず、自分の言葉でもっと話せるようになる」などと、達成したい目標を設定します。こういったことを繰り返すことで、コミュニケーションは少しずつ上達していくのです。

時間配分は逆算で計算する

プレゼンテーションなどでは、まず、自分の話す持ち時間を確認します。その時間によって、自分の話すペースが決まるからです。どのくらいの量をどのくらいのスピードで話せばよいのかを考えます。

次に話のパートによって、時間の配分を決めます。例えば、3分で話をするとすれば、結論（20秒）↓理由（1分20秒）↓具体例（1分）↓結論（10秒）といった感じで、時間配分をします。ここで、あれっと思われたかもしれません。そうです。3分間なのに、2分50秒で設定しているからです。なぜかというと、話が万一押したとしても、予備の10秒で調整できるからです。

そして、時間配分の時に気を付けてもらいたいのは、話の中で重要なポイントや強調したいところに時間を多く割り当てるということです。そうすることで、話にメリハリをつけることができ、聴いている相手に印象付けることができます。

あとは、練習あるのみです。時間配分通り話ができるか、実際に測りながらやってみます。恥ずかしいかもしれませんが、自分が話している様子をスマートフォンで録画して見てみたり、タイマーを設定してアラームが鳴るまでに話を終えられるかを何回も確認するとよいです。3分に遠く及ばない、つまり、1分くらいで話を終えてしまう人もいますが、もったいないのでやめましょう。

最終的にどうなりたいかが大事

自分が伝えたいことを伝えることができるコミュニケーションスキルを身に付けられたとして、大切なことは、自分が最終的にどうなりたいのかを描くことです。人前でも、自分の言いたいことを緊張せずに伝えられるようになりたいとか、会議で今までは黙っていることが多かったけど、積極的に発言できるようになりたいとか、そんな自分のなりたい姿をまずはイメージしてみて、声に出してみるとよいです。

私は、「声に出すと夢がかなう」経験をしたことがあります。

実は、私は、学生時代から社会人にかけて、ある大きな夢を諦めたことがあります。その後、もう大きな夢を持つのはやめよう、とそう思ったものです。でも、人間というのは、不思議なもので、仕事をしていると、別の夢が徐々に膨らんできます。「あんなこといいな。できたらいいな」と色々と考えるようになります。まるで昔の『ドラえもん』の主題歌のようです。

平社員だった時は、「管理職になれたらいいな」と思いましたし、講演を聞く機会があった際は、講演する人を見て、「自分もいつか、あんなところに登壇できたらいいな」と思っていました。そして、夢について、人生最大の出来事が起こりました。ある講演の時、私は、こんなことをボソッと言ったのです。「問題解決について、今年は、本を書きたいと思っているんですよね」――。無事講演が終わり、片付けをしていると、聴講者だった30代の男性のKさんが名刺交換に来られました。

Kさん：「今日は、ありがとうございました。とても勉強になりました。あのー、寺下さんが途中で、今年は本を書こうかなと思っているという話をされていましたが、もしよければ、うちの会社から出されませんか？」

寺下：「えっ、ええ―――――――――！！！」

名刺交換すると、Kさんは、出版社にお勤めの編集者さんだったのです。ま、まさかの展開です。

Kさん：「私は、問題解決について、学びに来ていたのですが、実は、本を書ける人を探す目的も同時にあって、研修に参加していたのです」。

思わぬところから、ビジネス書の出版の話となり、1冊目の出版が決まったのでした。このように夢は、可視化したり、言葉で発してみたりすることがよいと思います。なぜなら、可視化したり、言葉にしたりすることで、グッとゴールに近づけるようになれるからです。

以上、コミュニケーションのスキルの磨き方について述べてきました。コミュニケーションというと、とかくつかみどころがない感じがしますが、自分がどんなタイプに当たるのかというタイプ別に見てみると、どうやってコミュニケーションを取ればよいのかが分かってくると思います。自分の苦手な部分というのは、克服したいと思っているものの、なかなか克服できなかったりします。

伝える力、聴く力は先天的な能力ではなく、誰しもが学べば身に付けることができるスキルです。

コミュニケーションは、基本的な理論さえ習得してしまえば、あとは実践あるのみです。もっと言うと、実践してみないとなかなかスキルを習得することができなかったりします。最初は、失敗してもよいと思います。最初からうまく話そうとか、伝えようと強く意識するほど、そのプレッシャーでうまくいかなかったりしますから。自然体で、伝えられるようになり、それで相手がちゃんと理解してもらえるようになり、行動してもらえるようになったらいいですよね。

コミュニケーションは、ほぼ毎日のように練習の場があります。1個でも2個でもいいので、学んだことを実践してみてください。日ごろから意識するようになれば、誰でも少しずつですが、できるようになります。ある意味、コミュニケーションは、カラオケと同じです。練習すればするほど上手になるので、繰り返し本書を参考にしながら実践し、コミュニケーションに関する苦手意識やトラウマから少しでも解放され、コミュニケーションスキルを習得していっていただければと思います。

おわりに

ここまでお付き合いいただき、本当にありがとうございました。いかがでしたでしょうか。コミュニケーションは、社会で生きていくには必須のスキルといわれている割には、つかみどころがなく、スキルの習得方法の正解も分からないため、自分でもどうやってコミュニケーション力を高めていけばよいのか悩んでいる人が実に多いです。かくいう私も、昔、ずっと悩んでいました。しかし、コミュニケーション能力の高さいかんで、色々な場面でチャンスをつかんだり、自分のやりたいことを実現できたりします。コミュニケーションモンスターも最初からモンスターだったわけではなく、少しずつ自分の強みを伸ばし、弱点を克服して、モンスターになっているのです。本書では、コミュニケーションモンスターの9割が共通してやっていることを書いてみましたので、参考にしていただければと思います。

本書でもお伝えしましたが、習得したいスキル別にまとめていますので、どこから読み始めてもよいですし、自分が身に付けたいと思う分野だけを読んでもよいと思います。ビジネス書というと、とかく1ページから最後まで読まなくてはと思って、途中でギブアップしてしまいがちですが、一部だけ読んで、まずは実践してみる、そんな使い方でも全然構わないと思います。

大事なことは、今回読んでいただき、コミュニケーションにおける自分の強さと弱さを知ることです。私は、社会人になる前からずっと、コミュニケーションに関するコンプレックスを持っていましたし、どうやったら、コミュニケーションモンスターみたいになれるのかなと思っていました。私も少しずつスキルを習得したことで、今のようにコンサルティングや研修、講演、カウンセリングなど、人と直接接して話すことが求められる仕事であっても普通にできるようになりました。今では、コミュニケーションの楽しさも感じられるようにもなりました。ぜひ、本書を参考にして、コミュニケーションスキルを身に付け、プライベートや仕事で活用していただければうれしいです。何より自分の伝えたいことが伝えられることで、コミュニケーションに関する苦手意識が少しでもなくなればいいですよね。

最後になりましたが、本書の出版に当たり、ご協力いただいた方に、この場をお借りして、お礼を申し上げたいと思います。

２０２３年に経営者仲間と共著で執筆した『ＣｈａｔＧＰＴで経営支援 強い組織の築き方』を出版させていただいた株式会社日経ＢＰの編集者である荻原博之さんには大変感謝しております。前回に引き続き、今回の本の出版の企画段階から校正、出版に至るまであらゆることで、大変尽力していただきました。深く感謝申し上げます。

読んでいただいた方がコミュニケーションを心から楽しんでいただけるようになることを祈りつつ、執筆を終えたいと思います。

２０２４年10月吉日

寺下　薫

【著者プロフィール】

寺下 薫　てらしたかおる

外資系企業を経て、ヤフー株式会社（現在のLINEヤフー株式会社）に入社。ヤフー入社後は、Yahoo! JAPANの北九州センターの立ち上げや会社の大トラブル時に社長からの依頼で1日半で200人のクレーム対応部署を設立するなどの業務に従事。その後、人材育成部門のマネジャーとして、社員の人材育成に従事し、2013年からソフトバンクユニバーシティで問題解決に関する授業を担当し、抽選必須の人気講座に。2017年にIT協会のカスタマーサポート表彰制度審査委員に就任。2018年に人事本部に異動し、管理職約1500人の育成、新卒社員500人以上の育成に従事。2019年に独立し、現在は、コンサルティング、研修、講演、執筆を中心に活動中。研修は、2年先の予約まで入る人気講師。著書は、『世界一速い問題解決』（SBクリエイティブ）、『実は、仕事で困ったことがありまして』（大和書房）、『ChatGPTで経営支援　強い組織の築き方』（日経BP、共著）、『スーパーバイザーの教科書』（リックテレコム）。元ソフトバンクユニバーシティ認定講師。キャリアコンサルタント（国家資格）。

ヤフーの管理職1500人が学んだ極意

一流のリーダーが磨く
伝え上手 聞き上手のメソッド

2024年11月25日　第1版第1刷発行

著者	寺下 薫
発行者	浅野祐一
発行	株式会社日経BP
発売	株式会社日経BPマーケティング
	〒105-8308　東京都港区虎ノ門4-3-12
ブックデザイン	bookwall
制作	美研プリンティング株式会社
印刷・製本	TOPPANクロレ株式会社

ISBN978-4-296-20498-4　Printed in Japan

本書籍に関するお問い合わせ、ご連絡は下記にて承ります。
https://nkbp.jp/booksQA